海南省博物馆出版物·丙种

1996年文物普查 西沙

海南省博物馆
海南省文物考古研究所 编著

科学出版社
北京

内 容 简 介

本书是1996年4～5月，由海南省文化广电体育厅与中国历史博物馆联合牵头组成的以海南省文管办、海南省博物馆及中国历史博物馆水下考古研究室、广东省文物考古研究所等单位专业人员参加的文物普查队对西沙群岛文物普查成果的集中展示。文物普查期间，对西沙群岛大部分岛屿、沙洲开展了调查，在17座岛屿及沙洲上采集到1300余件以陶瓷器为主的遗物；在北礁、华光礁及珊瑚岛、金银岛等海域进行了水下考古调查，找到部分古代沉船遗迹，发现10处遗物点，打捞出水文物400多件；征集到部分西沙出水遗物，包括产自中国广东、福建、江西、浙江和广西等地许多民窑窑场的瓷器，以及一些清代福建地区匠人所制作的石柱、石板、石条、石斗拱、石柱础等石建筑构件及石雕人像。

本书可供高校考古文博专业师生、文博机构从业者，以及对水下考古感兴趣的人员参考、阅读。

图书在版编目（CIP）数据

1996年西沙文物普查 / 海南省博物馆，海南省文物考古研究所编著. -- 北京：科学出版社，2020.6
ISBN 978-7-03-065457-1

Ⅰ.①1… Ⅱ.①海…②海… Ⅲ.①西沙群岛－文物－普查－概况－1996 Ⅳ.①K872.66

中国版本图书馆CIP数据核字（2020）第099080号

责任编辑：张亚娜　闫广宇 / 责任校对：邹慧卿
责任印制：肖　兴 / 书籍设计：北京美光设计制版有限公司

科 学 出 版 社 出版
北京东黄城根北街16号
邮政编码：100717
http://www.sciencep.com

北京华联印刷有限公司 印刷
科学出版社发行　各地新华书店经销
*
2020年6月第　一　版　　开本：889×1194　1/16
2020年6月第一次印刷　　印张：13
字数：374 000
定价：208.00元
（如有印装质量问题，我社负责调换）

海南省博物馆出版物

编委会

主　　任：陈　江

副 主 任：张健平　王辉山

编　　委：（以姓氏笔画为序）

　　　　　王育龙　　王明忠　　王辉山　　王　静
　　　　　王翠娥　　叶　帆　　包春磊　　刘　凡
　　　　　李　钊　　何国俊　　张千乐　　张健平
　　　　　陈　江　　林　晖　　贾　宾　　高文杰

前 言

南海是中国四大边缘海中最大的一个，海域面积浩瀚无际，总面积约为350万平方千米。海南省是中国海洋面积最大的一个省份，管辖的南海海域面积约200万平方千米。在辽阔的南海海域上分布着近250座岛、礁、沙洲等，似颗颗珍珠，散落在广袤无垠的热带海洋中，按其地理分布方位可分为西沙、东沙、中沙和南沙四大群岛，统称南海诸岛。

据有关古代史籍记载，早在东汉时期，人们依据南海海水的潮汐现象，将其称为"涨海"（东汉杨孚《异物志》），后又根据观察到的自然地理现象，把南海诸岛称为"崎头"或"珊瑚洲"，这是中国对南海及南海诸岛发现和命名的最早记录。大量的历代史籍详细地记载了中国人最先开发经营南海与中国政府最早对南海诸岛实施行政管辖和行使主权的历史事实。因此，世世代代的中国人把南海称为自己的"祖宗海"。

南海，因所处的地理位置独特，一直是古代中国海上丝绸之路的大通道，犹如一座"海上天桥"，架起了一条古代旧大陆各国及地区间人民进行物质文化交流的友好通道。西沙群岛是位于南海诸岛偏西部的一个大群岛，地扼连接太平洋、印度洋的海上交通要冲，是古代中国远航海外的必经之地。西沙群岛海域也是中国与中南半岛、南洋群岛及印度洋沿岸各国和各地区间进行经济往来的一条重要商贸航线，是处于南海丝绸之路上的一条黄金航道。从汉代起，中国人开辟了途经南海的海外贸易交通线，历经隋、唐、宋、元等历史时期不断兴盛发展。明代，中国进入大航海时期，郑和船队七下西洋，遍历亚非三十余国，远达波斯湾、非洲东岸和红海等地区，举世闻名的海上丝绸之路达到了空前繁荣的阶段。清代时，海上丝绸之路已逐渐衰落。在海上丝绸之路南海航线这片广阔海域遗留下的丰富的中国历代文化遗产，是见证中国最早开发经营南海诸岛的珍贵实物资料，具有十分重要的研究价值。

海南建省前，隶属广东省管辖。早在20世纪70年代，广东省文物管理部门就组织业务人员对西沙群岛部分岛礁开展了文物调查，拉开了西沙考古的帷幕。1974年和1975年，由广东省博物馆与海南行政区文化局业务人员组成联合考古调查组，先后两次前往西沙群岛进行文物调查，取得了一定的考古收获。在部分岛礁上发现了一些文物点和文化遗迹，采集到较为丰富的文物，主要有陶器、瓷器、铜器、铜钱及石雕制品等。在发现的这些遗物中，有些是古代人们在个别岛屿上生活居住所保存下来的，有的则是中国古代船舶航行至西沙群岛附近海域时不幸触礁沉没后所遗留下来的。这些考古发现，为了解西沙群岛的历史变化及其古代海上丝绸之路的发展历程提供了比较重要的信息。

1988年，海南建省。作为中国的一个海洋大省，其文物管理部门在着手制定全省文物工作规划时，十分重视海洋考古，即把南海考古、民族考古和边疆考古列为海南省十分重要的三项文物工作。其中，西沙群岛考古被列为南海考古的重点项目之一。此时，水下考古事业在中国也刚刚开始起步，并在中国历史博物馆（今中国国家博物馆，下同）设立水下考古学研究室（今中国国家博物馆水下考古研究中心，下同），负责承担全国的水下考古任务，由此正式揭开了中国水下考古的序幕。随着在沿海地区一系列水下考古调查和发掘工作的开展，中国水下考古工作者逐步摸索和积累了一定的水下考古方法和经验，这为全面启动南海诸岛考古项目提供了良好的条件。

20世纪90年代，国家文物局在拟订中国水下考古"九五"工作规划中，已正式把中国南海诸岛考古列为重要的项目之一，并明确提出从1996年开始，有计划、分步骤地对南海诸岛所属的中沙、西沙和南沙群岛进行文物普查和水下考古。与此同时，海南省文物管理部门正在制定实施全省海洋考古工作计划，提出了先在南海西沙群岛开展文物普查的建议，这正符合国家文物局规划中的"中国南海诸岛考古项目"的要求。在国家文物局的支持和积极协调下，海南省文化广播体育厅（今海南省旅游和文化广电体育厅，下同）与中国历史博物馆进行了充分协商和认真研究，并联合向国家文物局正式申报首先在西沙群岛实施文物普查项目的计划。

1996年，经国家文物局批准和组织，由海南省文化广播体育厅与中国历史博物馆共同牵头，联合组成了由中国历史博物馆水下考古学研究室、海南省文物保护管理办公室、海南省博物馆、广东省文物考古研究所等单位的14名考古专业人员和1名新华社记者组成的文物普查队，于同年4～5月对西沙群岛进行了全面的文物普查及水下考古调查。这次西沙文物普查是实施"中国南海诸岛考古项目"的第一步，也是首次进行远海考古的一次探索性活动。为了保证此次西沙文物普查任务的圆满完成，考虑到有关交通、安全、后勤等方面的现实因素，在琼海市政府及潭门镇政府的大力协助下，最终选租曾远赴南海海域进行捕鱼作业的琼海市潭门港"琼海00389号"机动船作为进行文物普查的交通工具。同时，驾驶该船的渔民船长也比较了解西沙群岛海域许多岛礁的水流海况，并掌握了一些岛礁的水下文物线索，这十分有利于此次普查工

前 言

作的顺利开展。

按岛礁的分布地理位置，西沙群岛可分为东面的宣德群岛和西面的永乐群岛，这两大群岛又包括许多座岛、礁、沙洲。因此，根据这里岛礁分布的具体地理情况，并结合此次文物普查工作任务，文物普查队认真详细地制定了具体的考古调查路线。1996年4月27日，"琼海00389号"文物普查工作船从潭门港正式启航，前往西沙海域，开始了考古调查活动。文物普查队分为岛礁考古和水下考古两个分队，并依先远后近的普查路线，先期调查在宣德群岛海域分布较相近的赵述岛、西沙洲、北岛、中岛、南岛、中沙洲、南沙洲、北沙洲、东新沙洲、西新沙洲、永兴岛、石岛等岛洲，后南下驶向东岛、浪花礁调查；接着西行前往永乐群岛海域，沿途调查华光礁、中建岛、珊瑚岛、甘泉岛、金银岛、羚羊礁、鸭公岛、全富岛、银屿、银屿仔、咸舍屿等岛礁；再继续北进驶入北礁海域进行水下考古。时因热带风暴袭来，为暂避风暴灾害，只能南下驶入琛航岛，顺道经广金岛、晋卿岛进行了考察。同年5月24日，顺利返回潭门港，西沙文物普查工作队终于凯旋。

1996年西沙文物普查工作历时近30天，航程近900海里（约1667千米），文物普查队员踏遍了西沙群岛所属的绝大部分岛屿、沙洲，调查足迹所至之处，都发现了一些中国古代陶瓷器遗物及文化遗迹。其中，复查和调查发现了20余处岛屿文物点，在甘泉岛、赵述岛、金银岛、北岛、晋卿岛、南岛、中建岛、广金岛、珊瑚岛等岛洲的17处文物点，采集到1300余件文物。此外，还复查和试掘了甘泉岛唐宋居住遗址，出土了少量宋代泥质灰褐陶擂钵残件，并采集了一些青釉瓷片等遗物。其间，还在北礁、浪花礁、华光礁、珊瑚岛、金银岛等附近海域开展了水下考古调查，包括水下测量、水下摄影、水下摄像等技术工作，找到1处古代沉船遗迹，发现10处水下遗物点，打捞出水包括陶瓷器及少量石器、石雕构件、铁器等在内的文物400多件。

西沙文物普查采集和出水文物共计1700余件，以瓷器居多，釉色主要有青釉、青白釉、白釉、青花等种，器形多为罐、壶、盘、瓶、洗、碗、杯、碟、盅、盒等，时代大都属宋、元、明、清，直到近代都有，其中又以宋、清两代的瓷器为主。从瓷器釉色、器形、纹饰图案等方面来考察，多为广东、福建、江西、浙江等地民窑所烧制的产品。

此次文物普查后不久，在西沙北礁又相继发现了部分陶瓷器和铜钱等水下遗物，海南省博物馆及时征集了这批出水遗物，并进行了初步整理和分析鉴定，认为它们具有一定的历史文物价值。

1996年西沙文物普查任务的顺利完成，是具体实施"中国南海诸岛考古项目"

较成功的一次考古工作，也是中国考古专业人员首次前往远海岛屿进行的考古实践活动，并获得了较为重要的考古收获。本次文物普查工作尤其是对部分岛礁开展的水下考古调查工作，在一定程度上丰富了人们对西沙群岛海域水下文化遗产分布情况的认识，也为今后在远海进行专项水下考古调查和发掘积累了有益的实际经验。同时，发现的众多古代文物是中国人民最早发现南海诸岛的历史见证，它有力地证明了西沙群岛自古以来就是中国神圣领土不可分割的一部分。开展南海西沙群岛考古及其研究工作，既有重大的学术意义，又有特殊的现实意义。

　　西沙文物恰如海上丝绸之路上的颗颗明珠，闪耀着古代文明的灿烂光辉，它从一个历史侧面展示出海上丝绸之路的繁荣兴盛景象。当前，国家正大力实施"一带一路"宏伟蓝图，也逐步从海洋大国走向海洋强国。我国正处于加强海洋资源保护和利用的重要时刻，因而十分重视对分布在南海——"祖宗海"内遗留下来的历史文化遗产的保护，这也是当下海南省文物工作中一项非常迫切而又十分重要的任务。目前，海南省文物管理部门正与三沙市人民政府进行联合协调，积极在西沙群岛海域开展水下文化遗产巡查及文物执法督察工作，进一步加强文物保护和管理力度，努力保护好"祖宗海"内遗留下来的珍贵历史文物遗产。

目　录

前言　　　　　　　　　　　　　　　　　　　　　　　　　　　　i

第一章　西沙群岛历史沿革　　　　　　　　　　　　　　　　　001
第二章　西沙群岛地理位置及自然概况　　　　　　　　　　　　007
　　一、地理位置及岛礁分布　　　　　　　　　　　　　　　　008
　　二、自然概况　　　　　　　　　　　　　　　　　　　　　012
第三章　西沙以往的考古调查　　　　　　　　　　　　　　　　017
　　一、1974年第一次西沙文物调查　　　　　　　　　　　　　018
　　二、1975年第二次西沙文物调查　　　　　　　　　　　　　021
　　三、1991年西沙考古调查　　　　　　　　　　　　　　　　021
第四章　西沙文物普查经过　　　　　　　　　　　　　　　　　023
　　一、西沙文物普查缘由　　　　　　　　　　　　　　　　　024
　　二、西沙岛屿考古调查　　　　　　　　　　　　　　　　　026
　　三、西沙水下考古调查　　　　　　　　　　　　　　　　　030
第五章　西沙文化遗存　　　　　　　　　　　　　　　　　　　035
　　一、岛屿文物点　　　　　　　　　　　　　　　　　　　　036
　　二、甘泉岛唐宋居住遗址　　　　　　　　　　　　　　　　040
　　三、水下遗物点　　　　　　　　　　　　　　　　　　　　040

四、华光礁沉船遗址	044
五、珊瑚石古庙	045
第六章　西沙文物征集	**047**
一、珊瑚岛打捞出水的清代石雕制品	048
二、1996年北礁发现的古代铜钱	048
三、1997年北礁发现的水下遗物	049
四、1998～1999年北礁发现的陶瓷器	049
第七章　西沙文化遗物	**051**
一、陶器	052
二、瓷器	053
三、铜器	158
四、铜钱	169
五、石制品	175
第八章　几点初步看法	**177**
一、岛屿文物的分布特点	178
二、水下文物遗存所折射出的历史信息	180
三、北礁发现古代铜钱的时代特征	183
附表	**187**
参考文献	**192**
后记	**195**

1996年
西沙文物普查

第一章
西沙群岛历史沿革

在中国古代历史上，西沙群岛与东沙、中沙、南沙三大群岛都被归于"涨海"（即今南海）的范围。当时，人们在这片广袤无垠的海域进行商贸航行和经营开发的过程中，便逐渐地发现了南海海域及其所分布的诸多岛礁，并根据航行需要及时对其进行了命名。从史书中可以看出，随着航海经验的不断积累和所识范围的逐步扩大，也进一步完善了对南海诸岛的专门称谓，其中就包括了对西沙群岛的称谓。

东汉杨孚在《异物志》一书中记载："涨海崎头，水浅而多磁石。"[1]"涨海"即是对南海的最早称谓。三国东吴万震的《南州异物志》中，在记载从马来半岛到中国的航程时说："东北行，极大崎头，出涨海，中浅而多磁石。"[2]较为形象地提到了"涨海"的地形地貌特征。东吴人康泰奉旨出使扶南（今柬埔寨）等国，在其返回国后所著的《扶南传》一书中有"涨海中，到珊瑚洲，洲底有盘石，珊瑚生其上也"[3]的记载，这里也很准确地指出了"涨海"中由珊瑚礁所构成的岛洲的地质构造特征。东吴人谢承所著《后汉书》中曰："交趾七郡贡献，皆从涨海出入。"[4]从上述文献记载中可以看出，南海在中国古代曾被泛称为"涨海"，这应与其所处的自然地理环境有一定关联。南海地处热带海洋区域，较高的海水温度适宜珊瑚虫的生长繁殖，分布在南海海域的众多岛、礁、沙洲、暗滩等就是由珊瑚虫骨骼堆积的珊瑚礁石灰岩所构成的。其中，南海诸岛众多岛礁洲滩就坐落在这片有着独特地质结构的珊瑚礁盘上，并随着潮汐不断涨落时隐时现。那时的人们已注意到岛礁在大海涨落变化中显现的这种自然现象，便把这一广阔海域泛称为"涨海"，当与今天人们对南海海域的认识较为接近，而所说的"崎头"应是指南海诸岛。

早在秦汉时期，中国人就已开通了前往西域的陆上丝绸之路，同时也开辟了途经南海海域的海上丝绸之路，开始对南海诸岛有了较为确切的认识。东汉时，为了加强对岭南各郡与中南半岛之间海上交通的管理，中央封建政府时常派地方官员巡视南海海域及其所属各郡。谢承所著的《后汉书》中载，"交趾别驾陈茂随交趾刺史巡部，涉涨海遇风"，又记"汝南陈茂，尝为交趾别驾。旧刺史行部，不渡涨海。刺史周敞，涉海遇风，船欲覆没。茂拔剑诃骂水神，风即止息"[5]。文中所说的"涨海"即为南海。三国时，地处东南沿海地区的东吴政权为了巩固岭南社会局面的稳定，保证海上商贸活动的畅通，发兵相邻的交州、林邑等地，抚定其周边地区。史书记载刘宋"舟师巡海"的事实表明，为使海上商贸活动的顺利往来，也派舟师水兵巡海抚边。

到北宋时，中央封建政府已设置水师营及派遣水师巡视南海海域。宋人曾公亮著的《武经总要》载："命王师出戍，置巡海水师营垒……治舠鱼入海战舰……从屯门山，用东风西南行，七日至九乳螺洲。"[6]该书是当时记载宋朝军事制度和国防大事的重要书籍，文中的"九乳螺洲"即今西沙群岛。可见，当时已开始使用专门地名来称谓今南海中的某些群岛，较以前"崎头"的泛称就要准确多了。南宋时，桂林通判周去非在《岭外代答》中云："海南四郡之西南，其大海曰交趾洋，中有三合流……其一东流，入于无际，所谓东大洋海也。……传闻东大洋海，有长沙、石塘数万里。"[7]文中所提到的长沙、石塘，即泛指今南海诸岛。南宋的王象之在《舆地纪胜》中引用了《琼管志》条目，曰："吉阳（海南崖州）……南则占城，西则真腊、交趾，东则千里长沙、万里石塘。"[8]这里的"千里长沙""万里石塘"也专指南海诸岛。

元代至元二十九年（1292年），浙西道宣慰使史弼奉命远征爪哇，从泉州入海，"过七洋洲、万里石塘，历交趾、占城界"[9]。"七洋洲"即指今西沙群岛七连屿近旁洋面，可见史弼率兵船远征时是途经南海诸岛海域的。元代航海家汪大渊在游历南海及印度洋沿岸国家及地区后，所著《岛夷志略》一书中记述："石塘之骨，由潮州而生，迤逦如长蛇，横亘海中，越海诸国，俗云万里石塘。……其地脉，历历可考。一脉至爪哇，一脉至勃泥及古里地闷，一脉至西洋遐昆仑之地。"[10]文中描述了万里石塘海底地脉的走向和地质构造，对南海诸岛地理位置及其地质结构的认识也较以前更进了一步。年代稍后成书的罗洪先所绘的《广舆图》中已将"石塘"和"长沙"两地名绘入到当时的南海海图里。

海上丝绸之路发展到明代，已进入鼎盛时期。著名航海家郑和七下西洋，其举世闻名的壮举表明了当时中国正处于世界航海领域的领先地位。在《郑和航海图》中绘有表示南海诸岛的"石星石塘""万生石塘屿"。据《琼台外记》记载，"长沙""石塘"等地属琼州府万州（今万宁市）管辖。随郑和下西洋的明朝官员马欢在途经西沙群岛时赋诗"洪涛浩浩涌琼波，群山隐隐浮青螺"[11]，将其所见岛屿景物描绘成"青螺"，这正是对西沙群岛自然风貌的一种形象比喻。今西沙永乐群岛和宣德群岛的称谓就是为纪念郑和在明永乐、宣德年间七下西洋的伟大壮举而命名的。明嘉靖六年（1527年）顾玠撰写的《海槎余录》里曰："千里石塘，在崖州海面之七百里外……万里长堤出其南。"[12]今海南省三亚市崖城镇（原崖县旧治崖城）到西沙群岛永兴岛直线距离约380千米，与该书中的方位记载较为接近，那"千里石塘"应是指西沙群岛，"万里长堤"则是指南沙群岛。可见，早在距今约500年前，中国人已比较准确地掌握了西沙群岛的地理数据信息，充分表明了随着明代航海事业的不断发展，人们对南海诸岛的认识和了解也在不断地深入和全面。

在清代康熙末年成书的《指南正法》中，已将南海诸岛划分为"南澳气"（指东沙群岛）、"万里长沙"（指中沙群岛）、"七洲洋"（指西沙群岛）和"万里石塘"（指南沙群岛）[13]。雍正八年（1730年）成书的《海国闻见录》载："南澳气，居南澳之东南……南续沙垠至粤海，为万里长沙头。南隔断一洋……又从南首复生沙垠至琼海万州，曰万里长沙。沙之南又生嵌岵石至七洲洋，名曰千里石塘。"文中提及的"南澳气"是指东沙群岛；由其往南延伸至广东洋面，称为"万里长沙"，是指中沙群岛；"七洲洋"即指西沙群岛；而"千里石塘"则是指南沙群岛。书中又载：

"七洲洋在琼岛万州之东南，凡往南洋者必经之所。……独于七州大洋、大洲头（今海南省万宁市大洲岛）而外，浩浩荡荡，无山形标识，风极顺利、对针，亦必六七日始能渡过。……偏东则犯万里长沙、千里石塘。"[14]文中除言简意赅地叙述了西沙群岛的地理位置、地形特点之外，还明确指出航行时要注意的诸多事项，这表明清代时人们在南海海域航行中已总结出了较为丰富的航海经验。此外，该书在标注南海诸岛附图时，就明确地划分出"气沙头""长沙""七洲洋""石塘"四个群岛地名，即今天的东沙、中沙、西沙、南沙四大群岛。

在清代官方绘制的舆图中，如乾隆二十年（1755年）的《皇清各直省分图》、嘉庆二十二年（1817年）的《大清一统天下图》等都标绘有南海诸岛。19世纪30年代，严如煜在《洋防辑要》一书的《直省海洋总图》中也明确标绘了南海诸岛，其中把表示西沙群岛的"九乳螺洲"和"双帆石"正式标于其中的《广东洋图》附图里，并将其列为我国重要的海防区域。此后，明谊撰的《琼州府志》中专门记载了由崖州协水师营分管南海诸岛各处洋面的情况[15]。光绪二年（1876年），清政府驻英国公使郭嵩焘所著的《使西纪程》一书中曰："（光绪二年十月）二十四日午正行八百三十一里，在赤道北十七度三十分，计当在琼南二、三百里，船人名之曰齐纳细（China Sea的音译），犹言中国海也。……左近柏拉苏岛（Paracel Islands，西沙群岛的误用）……中国属岛也。"[16]文中更是明确指出西沙群岛是中国南海属岛。

1909年，清代广东水师提督李准率"伏波""广金""琛航"三舰前往西沙海域视察，逐岛巡视查勘，命名勒石，并在永兴岛上升旗鸣炮，重申中国的南海诸岛主权。同时，还采用现代命名方式正式将西沙群岛中的15座岛屿分别定名为"琛航""广金""甘泉""珊瑚"等，并一直沿用至今。

1935年，中国政府在出版的《水陆地图审查委员会会刊》第一期上刊登了《中国南海各岛屿华英名对照表》，首次公布的中国南海各岛礁的地名有132个，其中即有东沙岛（今东沙群岛）、西沙群岛、南沙群岛（今中沙群岛）和团沙群岛（今南沙群岛）[17]。1945年，日本无条件投降，中国恢复了对南海诸岛的管辖主权。翌年秋，中华民国海军"永兴号""太平号""中建号""中业号"四艘军舰前往南海诸岛接收失地。同年底，先后登陆西沙群岛永兴岛和南沙群岛太平岛，并分别在两岛上勒石记铭（图1-1、图1-2）。在1947年民国政府内政部公布的《南海诸岛新旧名称对照表》中，正式公布了南海诸岛所属的东沙群岛、西沙群岛、中沙群岛、南沙群岛等地名[18]。

中华人民共和国成立后，西沙群岛、南沙群岛、中沙群岛属广东省管辖。1983年4月24日，中国地名委员会受权公布的《我国南海诸岛部分标准地名》中，西沙群岛即成为标准地名[19]。根据联合国教科文组织的要求，奉中华人民共和国国务院、中央军事委员会之命令，1988年2月，中国人民解放军海军南海舰队在南海诸岛部分岛礁进行了部分工程建设（图1-3）。1988年4月13日，海南建省，西沙、南沙、中沙三大群岛归属海南省管辖，设西沙、南沙、中沙群岛办事处[20]。2012年7月24日，海南省三沙市人民政府正式成立，仍管辖西沙、南沙、中沙三大群岛。

图1-1 "海军收复西沙群岛纪念碑"(永兴岛)

图1-2 "南海屏藩"碑(永兴岛)

图1-3 "中国南海诸岛工程纪念碑"（永兴岛）

注释

[1] （明）唐胄：《正德琼台志》卷九，上海古籍出版社，1964年影印本。
[2] （宋）李昉：《南州异物志》，《太平御览》卷七九〇，中华书局，1960年。
[3] （宋）李昉：《扶南传》，《太平御览》卷六十九，中华书局，1960年。
[4] （宋）李昉：《后汉书》，《太平御览》卷六十，中华书局，1960年。
[5] （宋）李昉：《后汉书》，《太平御览》卷六十，中华书局，1960年。
[6] （宋）曾公亮：《武经总要》前集卷二十《广南东路》，中华书局上海编辑所，1959年据明正德年间影印本。
[7] （宋）周去非著，杨武泉校注：《岭外代答》卷一，《地理门》"三合流"条，中华书局，1999年。
[8] （宋）王象之：《舆地纪胜》卷一百二十七《广南西路·吉阳军》"风俗形胜"条，中华书局，2012年。
[9] （明）宋濂等：《元史》卷一百六十二《史弼传》，中华书局，1976年。
[10] （元）汪大渊原著，苏继庼校释：《岛夷志略》"万里石塘"条，中华书局，1981年。
[11] （明）马欢：《瀛涯胜览》，中华书局，1985年。
[12] （明）沈节甫辑录：《纪录汇编》卷一六二《海槎余录》，中华全国图书馆文献缩微复制中心，1994年。
[13] 向达校注：《两种海道针经》，中华书局，1961年。
[14] （清）陈伦炯：《海国闻见录》卷上"南澳气"条，清乾隆五十八年刻本。
[15] （清）明谊修，张岳崧纂：《道光琼州府志》，海南出版社，2006年。
[16] （清）郭嵩焘：《使西纪程》上卷，《中外舆地图说集成》卷一百二十，清光绪二十年上海顺成书局石印本。
[17] 见1935年1月出版的《水陆地图审查委员会会刊》第一期。
[18] 见1947年12月1日中华民国内政部公布的《南海诸岛新旧名称对照表》。
[19] 见《人民日报》1983年4月25日第4版。
[20] 见《海南日报》1988年4月14日第1版。

1996年
西沙文物普查

第二章
西沙群岛
地理位置及自然概况

自古以来，南海就是中国人民的"祖宗海"，也是祖国最南部的海洋国土。其中的西沙群岛即是南海西北部的一个大群岛，其地理位置十分重要，坐落在南海海上交通往来的航线要冲，辽阔无垠的海域是中国与中南半岛、南洋群岛、印度洋沿岸及西亚各国和各地区进行文化、经济交流的一条大通道，为古代海上丝绸之路上的必经之地。西沙群岛属热带海洋季风气候，地质结构独特，岛洲礁沙广布，海域中蕴藏着十分富饶的生物水产、矿产等自然资源。

一、地理位置及岛礁分布

南海位于中国的最南方，故名南海。南海是中国四大陆缘海中最大最深的一个海，也是世界上最大的陆缘海之一。从海底地质构造的特征来看，南海诸岛坐落在一个巨大深邃的南海海盆上所产生的一个面积辽阔、水体硕大的陆缘海的礁盘上，经过长时间的地质构造运动才逐渐形成。它的形成和地理分布与南海海盆在地质上的不断变化有着十分密切的关系，众多岛、礁、沙洲、滩、暗沙就是珊瑚虫骨骼经过长时间演变堆积，最终由珊瑚礁灰岩所造成的[1]。在这片辽阔的海域上分布有西沙、东沙、中沙、南沙四大群岛组成的南海诸岛。

其中，西沙群岛地处南海的西北部，是南海诸岛最西面的一个大群岛，位于海南岛榆林港东南约180海里（约333.4千米）处。其地理坐标为东经111°11′～112°54′，北纬15°40′～17°10′，分布范围是北起北礁，南至先驱滩，东起西渡滩，西至中建岛，海域分布面积50多万平方千米。西沙群岛发育在南海西北部大陆斜坡的西沙台阶上，基座水深为900～1000米。在由造礁石珊瑚虫所构成的珊瑚骨骼堆积灰岩形成的封闭、半封闭的环礁上（图2-1），散布有许多岛、洲、礁、滩。

西沙群岛海域主要分布有永乐、宣德、东岛三个大环礁和华光、浪花、玉琢、北礁、盘石五座中小型环礁，此外，还有一些岛、滩和未命名的海山。其中，已正式命名的岛、洲、礁计有40座，露出海面的天然岛洲有29座，分别为22座岛和7座沙洲，这也使得西沙群岛成为南海诸岛中露出水面岛屿最多的一个大群岛，其陆地总面积约有10平方千米（图2-2）。按其地理分布形势，可分为宣德群岛和永乐群岛两大群组。

宣德群岛是1947年为纪念明宣德年间航海家郑和七下西洋的伟大壮举而被命名的。它位于西沙群岛之东稍偏北，海南渔民向称为"上七岛"、"东七岛"或"上峙"。地理坐标为东经112°10′～112°54′，北纬15°43′～17°00′。共有8座岛屿、6座沙洲和7座暗滩（礁），其中，有永兴岛、石岛、东岛、南岛、中岛、北岛、赵

图2-1　西沙群岛珊瑚群落

图2-2　西沙群岛远景

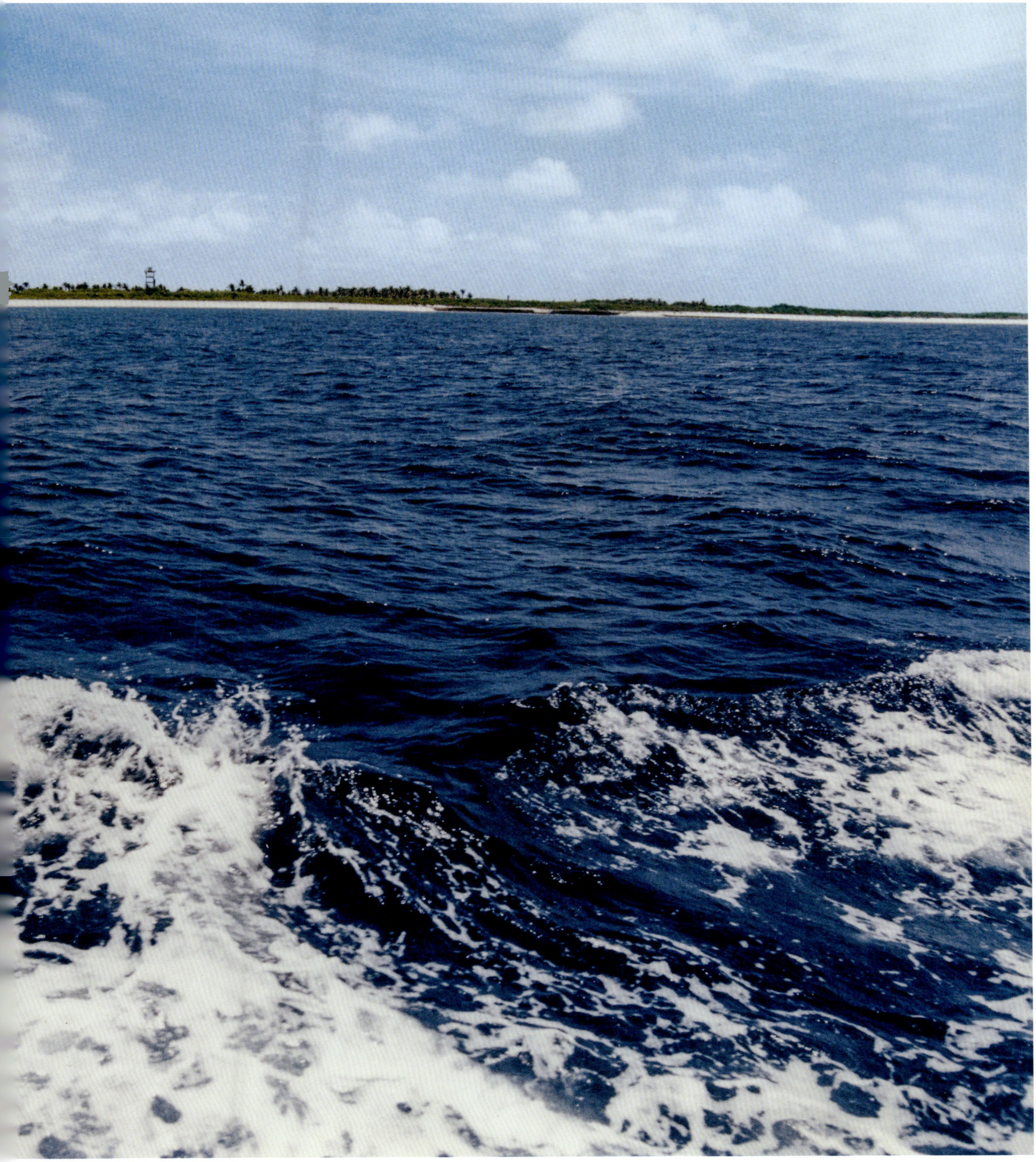

图2-3 东岛远眺

述岛、高尖石、南沙洲、中沙洲、北沙洲、西沙洲、浪花礁等岛洲礁（图2-3）。永乐群岛是1947年为纪念明永乐年间郑和七下西洋而被命名的。其位于西沙群岛之西，海南渔民向称"下八岛"、"西八岛"或"下峙"。地理坐标为东经111°11′～112°06′，北纬15°46′～17°07′。共有14座岛屿、1座沙洲和4座暗滩（礁），包括金银岛、甘泉岛、珊瑚岛、全富岛、鸭公岛、银屿、银屿仔、咸舍屿、石屿、盘石屿、晋卿岛、琛航岛、广金岛、中建岛及筐仔沙洲等，另有永乐环礁、北礁、华光礁、玉琢礁等环礁（图2-4、图2-5）。

西沙群岛地扼连接太平洋、印度洋海上航行的要冲，在商贸交通运输中具有极其重要的航运地位，是古代中国远航海外的必经之地，属于古代海上丝绸之路上一个十分繁忙的黄金航道海域。

二、自然概况

西沙群岛与南海诸岛中的东沙群岛、中沙群岛、南沙群岛一样，都处于低纬度区域，在北回归线以南、赤道以北，属北半球热带地区。由于地理位置独特，这里属于典型的热带海洋性季风气候，常受多种低纬度热带天气系统的影响。这里高温高湿，气候炎热，常夏无冬，盛行季风。

西沙群岛气温变化全年呈双峰型，即发生每年3～5月和8～9月，年平均气温约为

图2-4　琛航岛落日

图2-5　北礁灯塔

26.5℃，年平均降雨量为1392.2毫米，且主要集中在台风雨和热雷雨季节，其他季节降雨量极小。因温度较高，且雨量充沛，干湿季较分明，一年之中并无四季交替之分，仅有相对的干（少雨）湿（多雨）二季之分。

西沙群岛为南海诸岛最西的一个大群岛，处于南海的风能高值区，季风和热带气旋风较为盛行。每年10月至次年2月为冬季风期，盛行东北季风；4月至9月为夏季风期，盛行西南季风。其中，在每年的季风交换时期，这里的气候海流变化比较复杂。千百年来，中国古代渔民在南海上航行和从事渔业生产，凭借经年积累的丰富经验，早就认识和充分利用了这种周而复始、定期转换方向的季风，作为往返海上所依靠的唯一自然动力。北宋时期，南方沿海地区的渔民还把夏季风称为"舶棹风"，意为夏天的西南季风能吹送海上远航的船舶归来之故。

西沙群岛散布在浩瀚的南海之中，地处热带海洋，因其独特的地理生态环境，蕴藏有十分丰富的自然资源。西沙群岛上分布有种类较多的热带海洋性植物及鸟类（图2-6），岛洲上的植物基本可分为四个植物群落：常绿乔木群落、常绿灌木群落、草本植物群落、湖沼植物群落（图2-7）。在其周围海区又分布有众多的海洋生物资源，如海洋动物就包括鱼类、贝类、虾蟹类、头足类及海龟、玳瑁等，尤以鱼类和贝类种类繁多（图2-8），均各有上千种，并主要以热带海洋动物种类为主。西沙群岛及其辽阔海域拥有极为丰富的供人类生存和发展所必需的海洋生物资源，自古以来就是中国渔民从事捕鱼捞贝的传统远洋渔场，古代文献中均有不少关于中国渔民在这里进行捕捞作业活动的历史记载。

图2-6　东岛鲣鸟

图2-7　西沙群岛植物群落

图2-8　西沙群岛海中鱼类与珊瑚群落

注释

[1]　广东省地名委员会编：《南海诸岛地名资料汇编·南海诸岛地理综述》，广东省地图出版社，1987年。

1996年
西沙文物普查

第三章
西沙以往的考古调查

西沙群岛考古发端于20世纪70年代。在1974年和1975年，广东省文物管理部门曾专门组织业务人员对西沙群岛部分岛洲先后进行了两次文物调查，发现10余处文物点和14座珊瑚石小庙，在甘泉岛试掘了唐宋居住遗址，并采集和出土了部分陶瓷器、铁器、铜钱等古代遗物，取得了一定的考古收获。1991年，中央民族学院历史系（今中央民族大学历史文化学院）业务人员又对西沙群岛一些岛屿进行了小规模考古调查，采集了少量陶器、瓷器等古代遗物。发现的这些文物，从一个侧面反映了西沙群岛自古以来就是中国的神圣领土。

图3-1 宋代青瓷罐（北礁）

图3-2 宋代青瓷瓜棱罐（北礁）

一、1974年第一次西沙文物调查

海南建省前，属广东省管辖。1974年3～5月，广东省博物馆和海南行政区文化局业务人员联合组成考古调查组，开展了西沙群岛第一次文物调查[1]。先后对西沙永乐群岛和宣德群岛的部分岛屿进行了考古调查，并在永兴岛、金银岛、珊瑚岛、晋卿岛、全富岛等7座岛礁上采集有宋、元、明、清各代的瓷器30余件，釉色有青釉、青白釉、青花等，器形主要有碗、罐、壶、洗、盘、杯、碟等（图3-1～图3-6）。这些瓷器都是中国广东、江西、浙江、福建、湖南等地民窑烧造的产品。

考古调查期间，在甘泉岛上发现了一处古代居住遗址，位于岛边沙丘内侧的斜坡上。经对遗址进行试掘，出土了30多件陶瓷器，另有少量刀、凿铁制工具与食用后遗弃的鸟骨、螺壳等遗物，以及经火烧后的炭粒灰烬等（图3-7）。瓷器中有少量唐至五代的青釉罐，还有较多宋代青白瓷罐、瓶、碗、碟、盒等（图3-8、图3-9）。从其胎质、釉色、器形、纹饰图案来看，初步判断其与广州西村

第三章 西沙以往的考古调查

图3-3 明万历青花蟹纹碗（北岛）

图3-4 清康熙、雍正年间青花龙纹盘（金银岛）

图3-5 清嘉庆、道光年间青花飞凤云纹碗（全富岛）

图3-6 清康熙青花五彩大盘纹饰（永兴岛）

图3-7 甘泉岛唐宋居住遗址发掘探方

图3-8　宋代青白瓷小口瓶（甘泉岛）

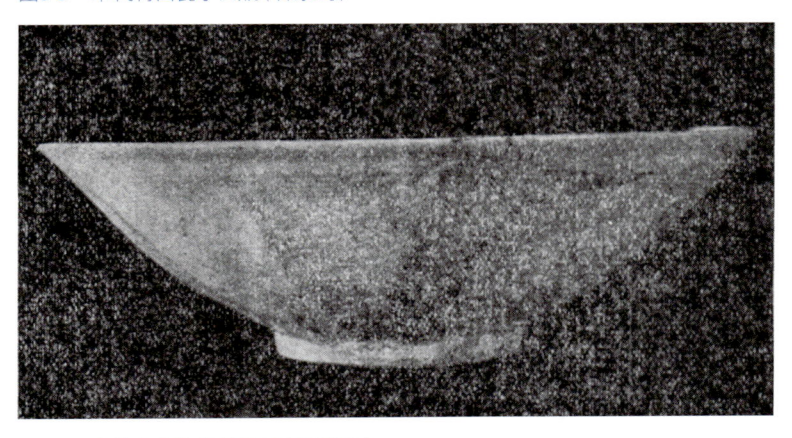

图3-9　宋代青白瓷莲花纹碗（甘泉岛）

皇帝岗北宋窑址[2]、潮安笔架山北宋窑址[3]烧制的瓷器基本相一致。经对发掘出土的唐宋时期生产生活遗物及相关遗迹的初步分析，推测这里是经过较长期生活而遗留下来的一处古代居住遗迹，发现的瓷器、铁器等遗物应是居住在这里的主人从广东地区所携带来的日常生活器皿和生产工具。

据渔民所提供的文物线索，还在北礁东北礁盘边缘发现了一处明代沉船遗址，采集出水汉至明的历代铜钱近400千克及少量铜镜、铜剑鞘、铜锭等遗物（图3-10、图3-11）。其中，铜钱多达80000余枚，除3000余枚明太祖朱元璋"洪武通宝"和50000多枚明成祖朱棣"永乐通宝"外，余者皆为自新莽至明代初期等历代钱币，品种多达78种。因这些铜钱长期浸泡在海水中，有些钱币已与珊瑚石胶结在一起，但大多数钱币的钱文仍然清晰可读。

这次调查中，又在珊瑚岛、甘泉岛、琛航岛、广金岛、永兴岛、北岛、赵述岛、东岛等地还发现了13座明清至近代的珊瑚石小庙，有的小庙还留有佛像和一些陶瓷供器。

图3-10 礁盘上发现的铜钱及胶结块（北礁）　　　　　图3-11 铜镜残片拓片（北礁）

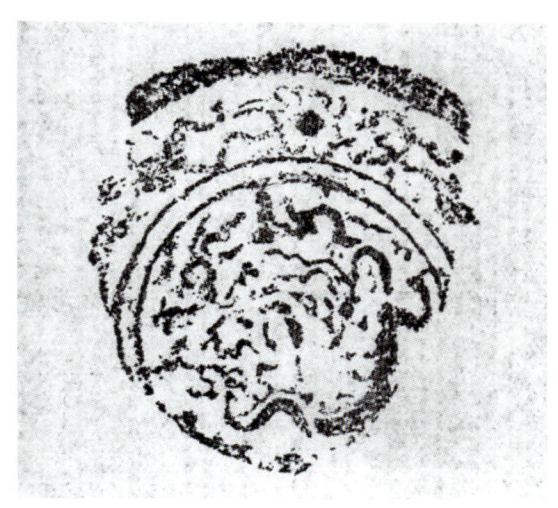

二、1975年第二次西沙文物调查

1975年3~4月，广东省博物馆和海南行政区文化局又组成考古调查组第二次进行西沙文物调查。此次调查的重点是对甘泉岛唐宋时期居住遗址再次进行发掘，最终发现了部分文化遗迹和遗物[4]。出土陶瓷器、铁工具、铜饰等文物78件，其中陶瓷器在釉质、器形、纹饰等方面与1974年试掘出土的器物是完全相同的，器形主要有罐、碗、瓶、钵、杯、盏、盒和器盖等种。其中，对少量青釉器物的釉色、造型、制作风格等作了初步判断，应与广东英德浛洸镇南朝隋唐墓出土的器物相近[5]，当属唐至五代时期遗物。

此外，还在北礁、北岛、南岛、金银岛、南沙洲等11处岛洲礁盘上采集到部分遗物，主要包括古代陶瓷器2000余件。其中，在西沙群岛北礁礁盘上发现了数量较多的我国历代陶瓷器，多达上千件，器形品种繁多，主要有青釉、龙泉青釉、青白釉、白釉、蓝釉和青花瓷器等。出水的有南朝青釉六耳罐、小杯，唐代青釉小碗，宋代青白釉大盘和青釉碗，元代青釉碗和青花小罐盖，明代青釉碗和蓝釉小杯（图3-12），清代青花碗、盘、碟、杯、瓶等（图3-13）。另有少量泥质陶器和釉陶器。这些陶瓷器的年代上自南朝，下至近代，基本上各朝各代都有，皆产于我国广东、福建、江西、浙江、湖南和广西等地的民窑[6]。另在北礁还发现了少量明代铜钱、铜锭、残铜镜等遗物。在其他岛礁上还采集有清代铜器座、铜熨斗、石狮、石板、石柱、石磨等遗物。

三、1991年西沙考古调查

1991年5~6月，在海南省有关市县文化部门的协助支持下，中央民族学院历史系的业务人员对西沙群岛的永兴岛、甘泉岛、石岛、中建岛、琛航岛、广金岛等岛屿进

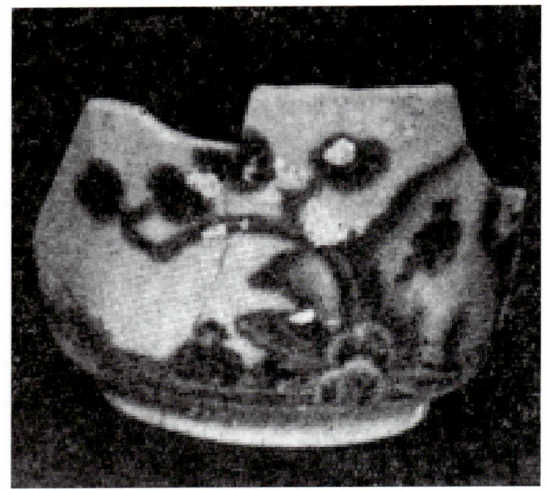

图3-12　明代蓝釉小杯（南沙洲）

图3-13　清代"玩玉"款青花杯（南沙洲）

行了小规模的文物考古调查，并取得了一定收获[7]。

在这次考古调查中，采集了一些石器、陶器、瓷器等遗物，其中以陶瓷器为多，较重要的是秦汉时期几何纹硬陶器，唐代青釉罐，宋代青白瓷洗，元代青釉洗、双耳罐和泥质灰陶净瓶，明代青花粉盒、"申"字款碗，清代"玉"字款青花盘、青花碗、"泉囗"字款青花碗及泥质灰陶罐等。据对遗物的质地、器形、纹饰等文化特征的初步分析，应是中国古代民窑所生产的，当具有一定的历史文物价值。

注释

[1]　广东省博物馆：《广东省西沙群岛文物调查简报》，《文物》1974年第10期。
[2]　广州市文物管理委员会编：《广州西村古窑址》，文物出版社，1958年。
[3]　广东省博物馆编：《潮州笔架山宋代窑址发掘报告》，文物出版社，1981年。
[4]　广东省博物馆、广东省海南行政区文化局：《广东省西沙群岛第二次文物调查简报》，《文物》1976年第9期。
[5]　徐恒彬：《广东英德浛洸镇南朝隋唐墓发掘》，《考古》1963年第9期。
[6]　广东省博物馆、广东省海南行政区文化局：《广东省西沙群岛北礁发现的古代陶瓷器》，《文物资料丛刊》1982年第6期。
[7]　王恒杰：《西沙群岛的考古调查》，《考古》1992年第9期。

1996 年
西沙文物普查

第四章

西沙文物普查经过

西沙群岛考古早于20世纪70年代，由广东省文物部门组织业务人员对部分岛礁进行了西沙文物调查，并取得了一定考古收获。1988年建省后，海南成为全国最大的一个海洋省。省文物管理部门在制定全省文物工作规划时，十分重视海洋水下考古，把南海诸岛考古列为很重要的一个项目。1996年，经国家文物局批准，并在其直接指导下，由海南省文化广播体育厅与中国历史博物馆联合牵头，共同抽调专业人员组成了西沙文物普查队，于同年4~5月前往西沙群岛实施文物普查。在此次普查工作中，复查和发现了多处岛屿文物点和水下遗物点，采集和征集了较为丰富的古代遗物，取得了可喜的考古成果。发现的文物从一个侧面证明，西沙群岛自古以来就是中国的神圣领土。

一、西沙文物普查缘由

20世纪80年代，中国水下考古工作开始起步，随着沿海地区水下考古调查和发掘工作的逐步开展，并不断总结出较好的水下考古方法和取得一定经验，这为全面启动南海诸岛考古项目提供了良好条件。

1988年海南建省后，为及时推进全省文物工作的顺利开展，省文物管理部门在制定全省文物考古工作规划时，把海洋考古列为我省文物工作的三大重点项目之一，并提出可先期在南海西沙群岛海域实施文物普查工作。1995年，海南省文化广播体育厅在向国家文物局汇报文物工作时，就提出了拟对西沙群岛海域开展文物考古的计划，在获得同意后即着手进行了前期的筹备工作。此后不久，国家文物局在拟订中国水下考古"九五"规划中，也正式把中国南海诸岛考古列为其重要项目之一，并明确提出要从1996年开始有计划、分步骤地对南海诸岛所属的中沙、西沙和南沙群岛实施文物普查和水下考古。所以，海南省文物管理部门提出的开展西沙群岛考古也正符合国家文物局制定的中国南海诸岛考古规划项目。

因考虑到当时南海问题的复杂性及国际背景等现实状况，同时也注意到这是海南建省后首次在南海诸岛开展考古工作的实际情况，为了先期摸索和掌握在远海进行水下考古的科学方法和实践经验，经与有关文物部门的充分协商和讨论研究，并结合以往在西沙群岛文物调查获得的相关资料信息后，即决定选择先对西沙群岛实施文物普查及进行水下考古。此后，在国家文物局的批准同意及大力指导下，决定由海南省

图4-1　西沙文物普查队队员合影

　　文化广播体育厅和中国历史博物馆双方进行合作，专门成立1996年西沙群岛文物普查工作领导小组，全面负责领导此次文物普查工作。同时，抽调中国历史博物馆水下考古学研究室、海南省文物保护管理办公室、海南省博物馆、广东省文物考古研究所等文博单位的14名考古专业人员及1名新华社记者，共同组成1996年西沙文物普查队（图4-1），下设负责岛礁考古和水下考古的两个调查分队，具体实施此次文物普查任务。人员名单如下。

　　普查队领导小组成员：

　　杨　林　陈高卫　张　威　古运泉　郝思德

　　第一分队人员（负责岛礁考古调查）：

　　陈高卫（海南省文物保护管理办公室主任）

　　古运泉（广东省文物考古研究所所长）

　　郝思德（海南省博物馆业务部主任）

　　王亦平（海南省文物保护管理办公室主任科员）

王大新（海南省博物馆馆员）

王明忠（海南省博物馆馆员）

黎吉龙（海南省三亚市博物馆助理馆员）

周笑雪（新华社记者）

第二分队人员（负责水下考古调查）：

杨　林（国家文物局二处副处长）

张　威（中国历史博物馆水下考古学研究室主任）

徐海滨（中国历史博物馆馆员）

孙　健（中国历史博物馆馆员）

李　滨（中国历史博物馆助理馆员）

赵嘉斌（中国历史博物馆助理会计师）

崔　勇（广东省文物考古研究所馆员）

1996年4～5月，西沙文物普查队正式前往西沙群岛海域开展文物普查和水下考古调查。由于这次西沙文物普查是实施中国南海诸岛考古项目计划的第一步，也是进行远海考古的一次探索性活动，为了保证此次文物普查任务的圆满完成，以及考虑到交通、安全、后勤等方面的具体因素，决定租用曾远航南海海域作业的渔船作为考察的交通工具。在琼海市政府及潭门镇政府的积极协助和支持下，选定"琼海00389号"机动船作为此次文物普查的工作船（图4-2），而船长又是一位具有较为丰富航海经验的渔民，十分熟悉西沙群岛岛礁的分布海况，尤其还知道部分岛礁发现有文物分布的线索，这也是我们进行西沙考古所需要的一个工作向导，十分有利于这次文物普查任务的顺利完成。

二、西沙岛屿考古调查

这次前往文物普查的西沙群岛是由许多岛礁组成的，按其分布的地理形势可分为东、西两大群岛，即东面的宣德群岛和西面的永乐群岛。在基本了解以往西沙考古调查所取得的文物资料以及两大群岛所属岛礁的海域地理情况之后，考虑到此次西沙文物普查的任务和性质，基本确定普查工作主要由两个方面组成。一方面，对已调查过的部分岛礁进行复查，并采集部分遗物；另一方面，对未调查过的岛屿、沙洲进行全面的文物普查，以了解其遗物的分布和保存情况。同时，根据文物普查队自身的现有条件和当时的实际情况，我们基本制定了较为详细和合理的调查路线，以保证此次文物普查任务的顺利完成。

1996年4月27日，文物普查船从琼海市潭门港启航，驶向海南省西沙、南沙、中沙群岛办事处的首府所在地——永兴岛，向驻岛的海南省三沙办事处和海军部队报到，并取得了他们的积极协助与支持。文物普查队在此稍作停留之后，即正式开始进行普查工作。依拟定的文物普查计划安排，即在西沙宣德群岛海域，按先远后近的航行路

图4-2 "琼海00389号"工作船

线，沿途调查了赵述岛、西沙洲、北岛、中岛、南岛、中沙洲、南沙洲、北沙洲、东新沙洲、西新沙洲等诸多岛洲后，再返回永兴岛调查该岛和石岛。然后，南下驶向东岛、浪花礁调查。接着折向西行，驶向西沙永乐群岛海域，顺路调查分布较偏南的华光礁、中建岛，后又北上继续调查珊瑚岛、甘泉岛、金银岛、羚羊礁、鸭公岛、全富岛、银屿、银屿仔、咸舍屿等诸多岛礁。最后，再北进驶入北礁海域，在这里重点进行水下考古调查。时恰逢海上热带风暴即将袭来，为保证考古人员的安全及文物普查的顺利进行，工作船只能南下驶入琛航岛暂避热带风暴，在途经广金岛、晋卿岛时也顺道进行了考察。随着文物普查工作渐近尾声，1996年5月24日，普查工作船又返程经北礁东北面驶回琼海市潭门港，此次西沙文物普查工作终于圆满完成。

1996年西沙文物普查历时近30天，航程约900海里（约1667千米）。在实地考古调查期间，普查队队员踏遍了西沙群岛所属的绝大部分岛屿、沙洲（图4-3～图4-6），

图4-3 西沙文物普查队队员进行调查

图4-4 西沙文物普查队队员在整理瓷片

图4-5 在西沙文物普查中走访渔民

图4-6 西沙文物普查队队员在调查途中

足迹所至之处，一般都能见到我国古代遗物及部分历史遗迹（图4-7～图4-10）。其中，在15座岛屿、3座沙洲采集到1300余件以陶瓷器为主的文物。有的岛屿散布文物较为丰富，如在南沙洲、北沙洲、东岛等岛屿文物点上皆采集到上百件古瓷器残片。发现的这些瓷器釉色主要有青釉、青白釉、白釉、龙泉青釉、青花等，常见器形有罐、壶、盘、瓶、洗、碗、杯、碟、盅、盒等种，时间从宋代起，历经元、明、清各代。从瓷器釉色、器形特征、花纹图案及年代等方面来考察，它们均是来自中国广东、福建、江西、浙江和广西等地民窑的产品。

在这次文物普查中，还复查和试掘了甘泉岛唐宋居住遗址，出土了几件宋代泥质灰褐陶擂钵残片，轮制，素面。在岛的沙滩上还采集了少量陶瓷器残片，其中有宋代青釉碗、粉盒、大口盆残片，釉质较好，着釉不到底，为广州宋代西村窑产品。甘泉岛唐宋遗址现已被公布为全国重点文物保护单位（图4-11）。

图4-7　珊瑚岛沙滩上散布的瓷器残片

图4-8　晋卿岛沙堤断壁上的清代青花瓷碗

图4-9　甘泉岛珊瑚石小庙

图4-10　南岛珊瑚石小庙

图4-11　西沙文物普查队队员在甘泉岛唐宋遗址立文物保护牌

三、西沙水下考古调查

依据1996年西沙群岛文物普查工作方案，在这次普查工作中，普查队在实施岛屿沙洲陆地调查的同时，也对部分岛礁海域进行了水下考古调查。其间，以中国历史博物馆水下考古学研究室专业人员为主的第二分队队员主要承担了水下考古任务，先后在浪花礁、华光礁、金银岛、羚羊礁、珊瑚岛、北礁等岛礁近旁礁盘上开展了水下考古调查。根据西沙岛礁海域海水清晰度较好的情况，在水下考古时，主要运用了拖拽搜寻和自由搜寻两种水下考古调查手段相结合的工作方法进行。同时，还对发现的水下古遗迹和遗物进行水下摄影、水下摄像和水下测量、绘图等技术工作（图4-12～图4-14），以获得水下考古现场遗存下来的历史文物信息。首次在西沙海域进行的远海水下考古取得了较好的成果，也达到了预期的工作目标。

在这次西沙水下考古调查中，发现了部分古代文化遗迹，其中，有10处水下遗物点和1处古代沉船遗址，打捞出水文物400余件，主要是陶瓷器及少量石制品、石雕建筑构件、铁器和青砖等遗物。

较重要的考古发现，是在华光礁和珊瑚岛的水下礁盘上各找到一处古代遗迹。其中，在华光礁西北礁盘上散布有许多古代遗物，根据陶瓷器分布的范围和保存情况，初步推测这当是一处已遭到破坏的古代沉船遗址（图4-15）。另在珊瑚岛东北深约6米的礁盘上发现有散落的一批石雕制品，主要有石雕人像（图4-16）、石板（图4-17）、石柱（图4-18、图4-19）、石条、石斗拱、石柱础等，应是属于一处古代沉船上销往

图4-12
1996年西沙水下考古测量

图4-13
1996年西沙水下考古绘图

图4-14
1996年西沙水下考古摄影

海外的建筑商品。从石雕制品的形制特征、加工技法及类型组合等方面情况作初步推断，当是清代福建或广东地区工匠所制作的产品。这可能是当时侨居在东南亚国家和地区的华人为在当地建造庙宇或宗祠，而从国内专门定制的修建大型构筑物所使用的建筑材料。

水下考古调查时，还在北礁西北礁盘上找到5处遗物点，发现了古代沉船遗留下来的上百件陶瓷器遗物（图4-20～图4-22），均为中国明清时期内地的民窑产品。另在金银岛西南沙滩上也打捞出水明清时期120余件青花瓷器，器形主要有碗、盘、碟、杯、勺等，产于广东、福建等地的民间窑场。

在西沙群岛水下考古调查中，于部分岛礁礁盘上发现较多的陶瓷器应是中国古代沉船所留存下来的遗物，都为中国内地民窑所烧造。这次水下考古发现，不仅在一定程度上丰富了对西沙群岛海域水下文化遗产分布情况的认识，也对今后顺利开展南海水下考古工作提供了有益的经验。同时，这也是中国古代人们经营开发西沙群岛的实物见证，从一个侧面丰富了对西沙群岛历史的认识，并证明西沙群岛自古以来就是中国人民的"祖宗海"。

图4-15
华光礁沉船遗址上分布的陶瓷器

图4-16
珊瑚岛水下的石雕人像

第四章　西沙文物普查经过　　033

图4-17
珊瑚岛水下的石板

图4-18
珊瑚岛水下的石柱

图4-19
珊瑚岛水下的石柱

图4-20
北礁出水的瓷器残片

图4-21
北礁出水的青花残片

图4-22
北礁出水的瓷碗

1996年
西沙文物普查

第五章
西沙文化遗存

在1996年西沙群岛文物普查中，基本上对所有岛洲陆地都进行了实地考古复查和调查。其中，在17座岛屿及沙洲上发现了文物点及遗址（附表一），采集遗物有1300多件。有的岛洲上散布文物较为丰富，如南沙洲、金银岛、北岛、东岛等文物点都采集有上百件陶瓷器残片。其间，文物普查队还在北礁、华光礁、浪花礁、金银岛、羚羊礁等近旁海域的礁盘上进行了水下考古调查，找到了10处水下遗物点和1处古代沉船遗址（附表二），打捞出水文物400余件，以陶瓷器为多，少量为铜器、铁器及石制品、石雕建筑构件等。文物普查所发现的这些瓷器，其釉色主要有青釉、青白釉、白釉、龙泉青釉、青花等，常见器形有罐、壶、盘、瓶、洗、碗、杯、碟、盅、盒等种。根据对这些瓷器的釉色、器物、纹饰等文化特征所作的初步分析推断，它们均是来自中国广东、福建、江西、浙江和广西等地窑场的产品。时间从宋代起，历经元、明、清各代，直到近代都有。

文物普查期间，还复查和试掘了甘泉岛唐宋居住遗址，出土少量宋代泥质灰褐陶擂钵残片。同时，也对部分岛屿上现存的珊瑚石古庙进行了复查。

一、岛屿文物点

1. 金银岛文物点

金银岛，俗称尾峙，东北距甘泉岛约7海里（约13千米），面积0.64平方千米，海拔高约8.2米，其西侧海域是海上丝绸之路南海航道的必经之地。1996年调查时，在岛西南沙滩上采集约120件宋、明、清各代的陶瓷器。

瓷器釉色有青白釉、青釉和青花等种，陶器只有釉陶和泥质陶。其中，青白瓷为宋代烧制，器形有碗、碟、杯、匙等。凸唇碗圈足四周露胎，内底划弦纹圈；素面碗外壁施釉不到底，圈足有高矮之别；青白瓷杯器形较小，直口，饼足露胎，外壁饰放射状条纹；青白瓷碟敞口，窄沿，小平底，内壁划弦纹圈。青瓷较少，均为宋代碗底，圈足较矮，施釉不到底，表面有冰裂纹。它们都属于广东宋代民窑产品。

青花瓷和陶器都属明清时期，青花器形有大口盘、敞口碗、直口杯等，多为圈足底，花纹图案有缠枝花卉、山石、水草、莲花等，少量碗圈足内直书底款。釉陶器仅有罐、瓶等残件，均为轮制，素面，内壁有多道快轮制作时留下的同心圆圈，均为广东、江西明清时期民窑产品。

2. 赵述岛文物点

赵述岛，俗称船暗岛，地处宣德环礁北部。岛近呈椭圆形，面积0.22平方千米，平均海拔4.4米。考古调查时，在岛的西沙滩上采集多件清代青花残片，均为碗口沿，侈口，青花釉色因经海水浸泡而变得较漫漶，花纹图案难以辨清。南沙滩上也采到1件清代青花瓷碗口沿瓷片，在其外壁饰有团花纹图案。青花瓷都是广东清代民窑产品。在赵述岛东北沙滩和礁盘上还发现20余件宋代泥质褐陶片，为罐口沿和器底，另有少量拍印弦纹的泥质硬陶片。还采得1件宋代青白釉瓷片，无法判断其器形。

3. 北岛文物点

北岛，位于七连屿最北处，因其地形狭长，习称为长岛或长峙，面积约0.4平方千米，海拔3～4米。因岛东南部稍低下，易被海水淹没。在岛北沙滩上散布有较多陶瓷器残片，经过挑选，采集约100件文物，大都为青花碗沿口和圈足碗底，另有一些釉陶残片和陶擂钵。

青花瓷片多为灰白胎，器形都为碗，装饰花纹图案很清晰，当属精瓷制品。碗分大、小两式，口沿有敞口和侈口之分，青花纹饰主要有莲花、牡丹、葡萄、菊花、桃、灵芝、梅花、缠枝花卉、卷草、山水、蟹纹等种图案。圈足底也有大小之别，不少碗底绘有字款，一类为瓷器烧制年代，如"大明年制""嘉靖年制"等底款；另一类为明代常用的吉祥语，如"永保长春""万福攸同""长命富贵""天下太平"和单字"福""寿"等款识。这些青花瓷器应为江西明代民窑所生产的，当属外销商品。另有一些清初青花碗残片，碗内底画青花芙蓉花。

在北岛西沙滩上也采集有陶瓷器残片。其中，器形主要是一些青花折沿大盘残片，浅腹、宽平底、矮圈足，为江西明代早期民窑产品。采集清代青花瓷片较少，多为碗类器物。发现的褐釉陶多为鼓腹罐残片，质地较为粗糙，未装饰花纹图案。

4. 南岛文物点

南岛，位于北岛东南约1海里（约1.85千米）处，称作"三峙"。岛呈长条形，面积约0.17平方千米，海拔4～5米。

此次实地调查时，在岛西北沙滩和南沙滩上都发现许多陶瓷残片，共采集80多件文物，主要有青白瓷、青花和陶器等。青白瓷胎质较坚硬，器形规整，制作较好，器形多为敞口碗口沿、圈足底和小口罐口沿、平底。另有少许青白瓷盘，造型较精美，刻划花卉纹，在广州宋代西村皇帝岗窑中曾出土过类似的瓷器。青花瓷器残片主要是敞口大碗、直口碗的口沿和足底，花纹图案仅见菊花、梅花、兰草、山石等。从其釉色、形制、纹饰等特征来看，应是广东或福建清代民窑所烧造的产品。釉陶多为罐腹片和大平底，均为轮制，胎质较厚，素面无花纹。

5. 东岛文物点

东岛因位于西沙群岛之东而得名，俗称和五岛或猫兴岛。其平面近长方形，面积约1.6平方千米，是西沙群岛的第二大岛。1996年进行考古调查时，在岛的北面礁盘及东面沙滩上发现有不少遗物，采集120余件瓷片。

瓷器釉色以青花数量居多，另有少量青白釉和青釉。青白釉瓷多为宋代产品，白胎，釉质较好，器形规整，施釉近底，器形主要有碗、盘、盅、瓶、罐等种，多刻划花卉纹。宋代青釉瓷仅见碗和洗，灰胎或灰黄胎，足壁较厚，内底饰压印弦纹圈。清代青花瓷多为直口碗、侈口碗、小口碗的口沿和圈足，另有少量浅腹盘底和小杯等。瓷胎呈白色或灰白色，白釉微青或闪青灰色，青花色泽较鲜蓝。青花碗壁稍弧或略直，圈足一般较高，有的还露胎。青花盘宽口沿稍内折，圈足略矮，腹部浅弧收。青花杯直口，器身较高。器物外壁用青花所绘的纹饰主要有花卉纹，或缠枝，或折枝，另有部分云龙纹、云凤纹及山石、松树、人物等。个别的器底书有字款。

6. 晋卿岛文物点

晋卿岛，习称四江门、四江岛，位于琛航岛东北1.5海里（约2.78千米）处。岛平面近椭圆形，面积近0.21平方千米，海拔2.2～6米。此次西沙文物普查时，在岛东南沙滩采集有少量陶瓷器残片。其中，有宋代青釉碗器底，灰白色胎，器壁较厚，圈足不高；泥质灰陶鸡腿瓶残片，轮制，上粗下细，近筒形，平底，内壁满是波浪形旋痕。清代青花瓷多为侈口碗口沿和圈足底。另在岛西沙堤断壁上发现一件较完整的清代青花碗，灰白胎，器壁较厚，青花近呈灰色，圆唇，敞口，弧腹，圈足略高。

7. 珊瑚岛文物点

珊瑚岛，被称为老粗峙，位于甘泉岛东北2海里（约3.7千米）处。岛平面近椭圆形，东西长约900米，南北宽约450米，面积近0.31平方千米。因清宣统元年（1909年）李准提督奉命巡海时，发现这里珊瑚极多，故名之"珊瑚岛"。1996年在珊瑚岛调查时，分别于岛西部和东北部采集到部分清代青花瓷残片，器形仅有碗和小杯，白胎或灰白胎，釉面开冰裂纹，器物外壁画青花折枝梅花、花草和短竖线条、圆圈纹等。另采集1件清代铜器座，形近同一圆形柱础，束腰，下部弯曲成弧形，三足内敛收，饰垂云纹和圆孔，平顶中间镂空，有一"寿"字。

8. 全富岛文物点

全富岛，习称全富峙，位于珊瑚岛东北4.5海里（约8.3千米）处。岛平面略呈椭圆形，面积约0.05平方千米，海拔约2米。1996年文物普查时，在岛南面的珊瑚沙滩上采集到少量陶瓷器残片，瓷器仅有青白釉和青花。青白釉小口瓶残件，口沿外卷呈喇叭形，颈部细长，饰多道凸起的弦纹，鼓腹，平底。瓷碗残片，口稍侈，矮圈足，有的腹部外壁饰有莲瓣纹。青白釉器属广东宋代民窑产品。明代青花侈口碗残件，器壁外表饰缠枝花卉图案。另有1件陶罐腹片，轮制，内壁有凸棱纹。

9. 中建岛文物点

中建岛，俗称半路峙，又称螺岛，位于永乐群岛西南端的一座台礁顶部。全岛近呈长方形，面积约1.2平方千米，海拔约2.8米。是为纪念1946年中华民国海军"中建号"军舰前往西沙群岛接收失地而得岛名。1996年西沙文物普查时，在中建岛边沙滩上采集到少量清代青花瓷片，器形是以敞口碗为主，器壁外表施有暗压花纹；另有少许盘、罐等，表面装饰青花花卉纹。

10. 广金岛文物点

广金岛，被称作小三脚岛、三脚屿，位于琛航岛之西仅370米处，且与琛航岛同在一个礁盘上。平面似三角形且较小，面积约0.76平方千米。是为纪念清宣统元年（1909年）李准巡海时随行的"广金号"兵船而得岛名。1996年西沙文物普查时，在该岛采集到少量清代青花碗残片，均为敞口碗口沿，外表饰青花水草纹。

11. 南沙洲文物点

南沙洲，在中沙洲之南，习称红草三。其平面略呈近圆形，面积近0.06平方千米，海拔约4.1米。在这次考古调查时，发现岛上散布有众多的瓷器残片，为了较好地了解该岛遗物分布的情况和特点，基本对岛上陆地进行了较全面的调查，除在东岸沙滩发现有少量瓷片散布外，主要集中分布在岛西面和南部的沙滩上，在其中约100米的狭长地带内，遗物分布更为丰富，有些瓷片还是成堆地埋在沙坑里。在地表采集的上千件陶瓷残片中，根据这些遗物的釉色、器形、纹饰图案等不同的特征，进行了初步分析鉴定，最后遴选出700多件陶瓷器文物。

在南沙洲采集的众多陶瓷器遗物中，青花瓷占有绝大多数，多达几百件，青白釉、青釉及釉陶、陶器数量甚少。青花瓷器中除有少许明代花卉纹小杯外，大多数属于清代，器形主要有碗、盘、杯、盅、匙、碟、小碗等，其中又以碗的数量居大宗。器物上绘画的青花图案十分丰富，主要有云龙纹、火珠纹、云凤纹、牵牛花纹、缠枝花卉、佛手纹及海水、人物、山石等纹饰，一般都装饰在碗外壁或大盘的内壁上。在有的青花碗圈足底上还绘有不同的款字和押记，辨认出的有"长""成""仁""上""永""双""金""万""吉"等多种汉字和一些押记符号。经初步分析，这些青花瓷器应是广东、福建等地的清代民窑产品。其中，如少量仿明代"成化年制"款的青花碗当属精瓷，白胎，青花色泽鲜蓝，所绘的花纹图案中有一侧画有临江楼阁和江上行船等景色，另一侧题有唐代王勃《滕王阁序》中的诗句："画栋朝飞南浦云，珠帘暮卷西山雨。"带有"玩玉"款的青花小杯，系清代嘉庆—道光年间广东地区民窑出产的。另有绘画佛手纹、云龙纹、云凤纹图案的青花碗、盘、碟等瓷器则是清代福建德化窑产品。青白釉瓜棱壶、小碗、小碟和龙泉窑青釉洗应是江西和浙江等地宋代民窑所生产烧制的。

12. 中沙洲文物点

中沙洲，被称为红草二，位于南沙洲和北沙洲之间。沙洲形状不规则，分布面积很小，约0.05平方千米，海拔仅2米。考古调查中，发现很多遗物散布在沙洲上，采集近百件陶瓷器残片，瓷器仅有青白釉和青花，又以青花瓷为多。青白瓷器只有盘和碗的口沿，胎质较细，器壁很薄，造型规整，应是江西宋代民窑产品。青花瓷主要有敞口碗口沿和圈足底、小盅、青花大盘口沿、矮圈足盘底及器物腹片等。从青花瓷型制特点和花纹图案风格来看，其年代当在清代。此外，还有少量釉陶罐、陶瓶残片。

13. 银屿仔文物点

银屿仔，习称银峙仔，与银峙同位于一个新月形礁盘上，系属沙洲地貌，面积近1800平方米，大海涨潮时常被淹没。考古实地调查时，在银屿仔沙岸上采集到少量遗物，其中有宋代青白釉碗底、釉陶擂钵、元代龙泉窑青釉盘底和清代青花碗底等陶瓷器残件。

1996年西沙文物普查时，还在北沙洲、鸭公岛、中岛等岛洲采集到一些陶瓷器遗物，主要有青白釉、青釉、青花瓷器和釉陶、陶器等。其中，瓷器多为碗、罐残片，另有少量釉陶瓶、杯、擂钵等残片，它们的年代应分别是宋、明、清等时期。

二、甘泉岛唐宋居住遗址

甘泉岛，俗称圆峙，位于永乐群岛西部，处于珊瑚岛与羚羊礁之间，岛形如圆卵，面积约0.3平方千米。清宣统元年（1909年）两广水师提督李准巡海至此岛时，发现岛上有井水甘甜可饮，因而将该岛命名为"甘泉岛"。

1974年和1975年，广东省文物管理部门业务人员曾先后两次发掘了岛西北部的一处古代遗址，出土一些陶瓷器[1]。其中，有唐代青釉陶罐、壶等，外表有鱼子纹片，应是广东唐代民窑所烧制的。宋代青釉瓷数量较多，器形主要有瓶、罐、碗、碟、盏、粉盒、钵等，釉面光润，当是广州宋代西村皇帝岗窑的产品。另外还出土铁刀、铁凿等工具和炊具铁锅等生产、生活用具，还有食用后抛弃的鸟骨、螺壳等遗物。经初步分析，推断这应是唐宋时期人们的居住遗址。

1996年西沙群岛文物普查中，又复查了甘泉岛唐宋居住遗址，并进行小规模试掘，清理了一个3米×5米的小探方。在遗址第二层20～25厘米厚的黄褐色珊瑚沙中，出土了几件宋代泥质灰褐陶擂钵残片，轮制，素面无纹饰。此外，还在岛西北沙滩上采集少量青釉瓷、青花及釉陶器残片。青釉瓷器是广州宋代西村皇帝岗窑产品，器形仅有碗口沿、碗器底、粉盒口沿、大口盆口沿等，火候很高，釉质较好，着釉不到底。青花瓷应是广东明代民窑所烧制的，器形仅见碗、罐，器表绘画青花缠枝花卉纹饰。釉陶多为轮制的大缸、鼓腹罐残片等，质地较坚硬。

从陶瓷器釉质和器形来看，都是广东唐宋时期民窑所生产的，居住在甘泉岛上的先民抑或就是那时从广东沿海地区迁移来的渔民，他们即是使用这些日常生活器皿的主人。西沙甘泉岛唐宋遗址具有十分重要的历史价值，1994年11月2日被海南省人民政府公布为第一批省级文物保护单位[2]，2006年5月25日又被国务院公布为第六批全国重点文物保护单位[3]，这是当时位于中国南海诸岛中较为重要的一处国家级文物保护单位。

三、水下遗物点

此次西沙群岛文物普查时，也在北礁、浪花礁、珊瑚岛、金银岛等岛礁近旁海域礁盘上进行了水下考古，并发现了10处水下遗物点，其中北礁、珊瑚岛发现的遗物点较多。打捞出水370余件遗物，以陶瓷器为主，另有少量石器、石雕构件、铁器等。这些水下陶瓷器遗物因在海水中受到长期浸泡，表面大都粘附上有一层白色珊瑚物，较难辨认其原来的器形，需进行一定的文物清理。

1. 北礁1号遗物点

1996年西沙文物普查期间，也在北礁海域开展了水下考古调查。先后在其东北礁盘上发现5处水下遗物点，它们基本上是沿着礁盘外缘自西往东分布，相互间的距离或近或远，近的只有约100米，较远的约600米。在这些水下遗物点上主要采集到陶瓷器残件，另有少许石器和砖块等遗物。

其中，对北礁1号遗物点进行水下考古调查时，在礁盘上近150米×100米的分布范围内，发现有不少遗物散落。打捞出水的陶瓷器器形都比较大，外表均被珊瑚石包裹着，有的已与珊瑚礁石块胶结在一起。采集遗物近60件，可分瓷器和釉陶两种，其中釉陶占大多数，余为瓷器。瓷器仅有青釉瓷和青花两种，器形较少，只有碗、盘、盆等。青釉瓷器有侈口碗口沿和圈足底、模印菊花纹敞口盆、素面大盆等；青花瓷仅见花卉纹碗口沿和圈足底、折枝花卉纹盘等。釉陶器主要有瓮、缸、盆、盘等器形。其中，瓮器形非常大，卷沿，小口，平底，肩部饰四耳或六耳；盆为折沿，大口，平底内凹；缸体硕大，圆唇，卷沿，广肩；釉陶盘为宽沿，腹身较浅，矮足。

从青釉瓷的釉色、器形、纹饰特点来看，应是广东宋代民窑的产品；青花瓷和釉陶器则当是江西明代民窑出产的。由于这批遗物年代分别为宋与明两个不同时间，发现时它们混杂地散布在同一个礁盘上，抑或表明在宋、明不同朝代时的两艘商船先后各自行驶在海上丝绸之路南海航道，可能因相近的原因先后不幸沉没于西沙海域北礁的同一处大礁盘上。因沉船较长时间浸泡在海水中，随着长期遭到海浪的不断冲击，两艘沉船所装载的货物被逐渐冲击到同一个大礁盘上，故造成了宋代青釉瓷和明代青花瓷、釉陶器相互交错散落在一起了。

2. 北礁2号遗物点

2号遗物点位于北礁1号遗物点西约100米处，在水下礁盘外侧边缘深约1.5米处采集有近20件遗物，全为宋代青釉瓷器。从瓷器釉色、器形、纹饰图案等特征分析，应属于浙江宋代龙泉窑产品，器类是以盆为多，另有少量碗、盘等。其中，青釉盆器身较大，有的口沿呈葵瓣形，有的为卷沿，纹饰仅有波浪纹、刻划纹、印花纹等。还有少量刻花碗、浅腹盘、印花纹盘等器物。

3. 北礁3号遗物点

该遗物点位于北礁2号遗物点西侧约600米处，在水深约2米的礁盘上发现有散落的遗物。采集遗物是以青花瓷为主，另有少量釉陶和泥质陶器，它们均为器物残片。青花瓷器形仅有碗和盘两种，碗为小口或敞口，盘为宽折沿，器表纹饰图案主要有水草纹、花鸟纹、缠枝花卉、折枝花卉等。釉陶器为褐釉盆口沿，卷沿、厚唇、平底；残陶器应为小口瓶，器身较长，内壁有波浪形旋痕。从青花瓷器形制和纹饰特点来推断，应是福建明代民窑所烧制的产品。

4. 北礁4号遗物点

遗物点位于北礁3号遗物点西侧约250米，在水深约2米的礁盘外侧发现有一些遗物，主要有青釉瓷器和釉陶器。青釉瓷器形有盆、碗、盘、洗、器盖等，器表纹饰图案较少。盆为敞口、平底；盘呈宽折沿，素面；器盖为子母口，短柱纽。釉陶器仅见瓮、盆、器盖等器形，釉陶瓮形体大，肩附有四桥状耳，大平底；盆为折沿、平底。据对瓷器釉色、器形特点的初步分析，当属于浙江元代龙泉窑制品。

5. 北礁5号遗物点

遗物点位于北礁4号遗物点西侧近旁不远处，在水深近2米的环礁上发现有古代遗物。这里打捞出水的遗物仅有青花瓷残片，另有1件石磨棒和少量残红砖块。青花瓷器全为敞口或侈口碗圈足底，器表绘有花卉纹、水草纹等，有的碗底圈足中间绘有"合盛""喜"等吉祥文字。残红砖有方形和长方形之分，质地疏松，制作较粗糙。经对青花瓷器形和花纹图案等初步分析，推测当是南方地区清代民窑所生产的。

6. 珊瑚岛2号遗物点

珊瑚岛位于永乐环礁西部礁缘底盘的东南处，这里的礁盘自东北至西南伸展特宽大，并在礁缘上发育有一些很深的海底沟谷。1975年，广东省文物部门业务人员进行西沙文物调查时，在珊瑚岛东部的礁盘上采集出水85件清代青花盘、碗等器物残件，被命名为珊瑚岛1号水下遗物点。这次西沙文物普查时，又在珊瑚岛近旁海域进行了水下考古调查，于礁盘东北处深约6米的海水下又发现了3处遗物点，分别编为2号、3号、4号遗物点。

在珊瑚岛2号遗物点打捞出水陶瓷器100余件，均为器物残片。其中，瓷器分青釉和青白釉两种，器形主要有碗、壶、瓶、盆、碟、杯等。青白釉碗底多为圈足，有的外壁施釉不到底，多数为素面，少数碗有划花图案。青白釉壶带长流，饰执耳，大平底。有的盘口小瓶制作较精，其形制与全富岛文物点发现的宋代青白釉小瓶几乎完全一样，盘口、细颈、鼓腹、平底，肩、腹部饰凸起的弦纹。青釉盆数量较多，斜壁，大平底稍内凹，盘内底模印有菊花纹。青釉碗器形较小，素面，圈足。据对瓷器釉色、器形与纹饰特征的初步分析，判断它们应都为宋代民窑所烧造的。采集的釉陶多为壶、罐、瓮的残件，器形较大，器壁也很厚。执耳壶为大平底，带一短流咀，器身饰有凸弦纹。大陶瓮皆饰有四个桥状耳，侈口、溜肩、鼓腹，素面。陶罐一般为鼓腹、平底，器壁素面无花纹。

7. 珊瑚岛3号遗物点

位于珊瑚岛2号遗物点西北不远处的3号遗物点，于约6米深的水下礁盘上发现了一处沉船遗迹。在分布面积约70米×30米的范围内，散落有大批石雕器物，发现的器类品种较多，形状有别，见到的有石人像、石柱、石板、石条、石斗拱、石柱础等。另还采集到石研钵、石杵等遗物。石柱分圆形、方形和八棱形等种，长短不一；有的石柱上雕有龙、狮等动物形象，有的浮雕莲花或缠枝花卉图案。石条多为素面，无花纹图案。石板上浅浮雕有绶带绕系笔的花纹图案。1件石人头像，系用花岗石雕刻而成，头梳高髻，雕工技艺较为粗放。

20世纪80年代，潭门镇渔民曾在珊瑚岛东北礁盘上相近的地点发现和打捞出水石雕制品达60多件。其中，除有10尊石雕人像外，其余多为建筑构件，种类有石柱、石梁、石板、石条、石柱础、石柱顶等。据初步分析推断，这些石雕制品应是清代福建匠人所制作生产的[4]。器物表面都附有许多珊瑚贝类等海底生物，不经过一定的清洗和修整技术工作，较难以看清其造型原貌和特点。这次又在珊瑚岛水下礁盘上发现这里仍还散布有许多石雕建筑构件器物，从其所选石料、雕刻技法、形制特点和纹饰图案等方面来考察，与20世纪80年代在这同一地点打捞出水的石雕制品完全相同。由此看来，在珊瑚岛东北水下礁盘上先后两次发现的这批石雕建筑构件，当是属于同一艘清代商船所装载运往海外的货物，货船航行在南海海上丝绸之路中，途经西沙珊瑚岛海域不幸触礁沉没，遗留下商船上的石雕建筑器物，一直保留至今。

另在3号遗物点还采集到10余件清代青花瓷残件。多为碗的口沿和圈足底，少量为敞口大盘口沿和圈足底，器壁外绘画有青花花卉、水草纹等图案。

8. 珊瑚岛4号遗物点

该遗物点位于珊瑚岛2号遗物点西侧近旁，在水深3～5米的礁盘上打捞出近20件陶瓷器残片，仅有青花和釉陶。青花瓷器多为碗，盘甚少。其中，青花碗器形较小，敞口、圈足，器壁外饰水草纹、花卉纹等。釉陶器仅见瓮和罐，器表施褐釉，釉质较粗，形体较大，大平底，瓮带四桥耳，罐为侈口、鼓腹。这些陶瓷器的年代当在清代。

9. 浪花礁遗物点

浪花礁，位于滨湄滩南约24千米处，俗称三筐、三圈，又称蓬勃礁、石塘。平面近呈长椭圆形，东西长近15千米，南北宽约5.4千米。1996年西沙文物普查时，在浪花礁打捞出水遗物10件，除1件青灰色残条砖外，余者都为清代青花瓷残片，多属碗底圈足，近同于珊瑚岛4号遗物点出水的青花瓷碗。

10. 金银岛遗物点

金银岛，东北距甘泉岛约12.6千米，其所在礁盘突出在永乐环礁之西，近呈琵琶形，礁盘东西长约6千米，最宽处近3千米。1974年文物调查时，在金银岛礁盘上采集到的1件元代龙泉窑青釉盘残片和明代嘉靖青花龙凤纹盘残件,都是江西景德镇民窑产品[5]。1975年又在岛西南礁盘上打捞出水一批石雕器物,种类有石狮、石柱、石板、石条、石飞檐、石供器座和石磨等[6]。经初步分析,推测这批石雕器物可能是广东或福建地区清代匠人制作的。

1996年西沙文物普查时,在进行水下考古调查中,于岛西南礁盘打捞出水60余件瓷器残片,大都属于明清时期的青花瓷,器形有碗、盘、碟、杯等,多为圈足器底,有的器壁上饰水草、缠枝花卉和辐射线纹等纹饰。另有少量青白釉碗底和青黄釉碗底,皆为圈足。经初步整理,金银岛西南沙滩上采集的青花瓷器与其礁盘出水的青花瓷器,从胎质、器形、釉色和花纹装饰来看,几乎完全相同,都是产于广东和江西地区明清时期的民窑。

四、华光礁沉船遗址

华光礁,位于西沙群岛西南部,原称觅出礁,俗称"大筐""大塘""大圈"等名。平面近呈长椭圆形,东西长约30千米,南北宽近9千米,是西沙群岛中比较大的环礁之一,环礁内潟湖水深10～25米。因其地处海上丝绸之路南海航道西线上的必经之路,交通要冲的地理位置显得特别重要,在古代就有不少商船航行于这片海域时不幸触礁沉没,故在此遗留下来较多的历史文化遗产,华光礁沉船遗址即是其中十分重要的一处古代文化遗存。

在这次西沙文物普查前,普查人员即了解到琼海市潭门镇渔民在华光礁近旁海域捕鱼作业中,于其礁盘上发现有古代遗物。西沙文物普查期间,重点在华光礁海域进行了水下考古调查,主要是运用拖拽搜寻和自由搜寻两种调查手段相结合的方法对水下文物线索进行探寻,后在华光礁泻湖内的西北礁盘上找到了这处水下文物遗存。

经过水下考古调查,发现这处古代遗存坐落的礁盘表面散落有较多遗物,大致呈东南—西北走向,分布面积约为900平方米,并有明显的人为扰乱破坏迹象。根据现场发现的古代陶瓷器的散布范围和保存情况,可以初步推测这当是一处古代沉船遗址,因未有进一步开展水下探究和试掘工作,仅在沉船遗址所处的礁盘上打捞出水部分陶瓷器残件,其具体的保存状况还有待进一步了解和认识。据初步分析,出水的瓷器有青白釉和青釉之分,器形主要有碗、瓶、盘、碟、罐、粉盒等,它们都应是福建宋代闽南地区与江西景德镇窑址所烧制的产品。

华光礁水下考古调查的发现,在一定程度上丰富了对西沙海域水下文化遗产分布状况的认识和了解,也为今后可以顺利地开展南海西沙群岛水下考古提供了一定的技术方法和实践经验。

五、珊瑚石古庙

1974年和1975年，广东省文物管理部门业务人员分别在对西沙群岛进行的两次文物调查中，在部分岛屿上发现有多处珊瑚石古庙，认为它们应该是明清时期所修建的[7]。它们大都位于岛屿较临近海岸的边缘地方，庙门一般均面向大海。古庙基本上选用当地的珊瑚石搭建而成，结构十分简单，规模也甚小，其中有的珊瑚石古庙内还保留一些佛像和供器。此次西沙文物普查时，也对部分岛屿的珊瑚石古庙进行了复查和调查。

1. 广金岛古庙

在广金岛西海岸边现存有两座南北并列的古庙，相距海水仅有50米。庙宇用大块的珊瑚石板垒砌而成，其上部也铺有珊瑚石板作为盖顶，小门向西面朝大海，庙高约0.5米。其中，在南面的庙内还保存有青花双狮戏球小碗和铁筒香炉各1件，青花碗当为清道光年间江西景德镇民窑烧制的。北面的庙内也供奉一对近代黄釉陶烛台。从供奉的清道光年间青花瓷碗来看，这两座古庙可能为清代所建的。

2. 琛航岛古庙

在琛航岛海岸边现保存有两座古庙，分别位于岛西北和东南的沙滩上。西北角的1座古庙距沙滩边海水仅3米，是选用珊瑚石块垒砌成近似方形的单间屋，前门洞开，面向大海，长、宽约为2米，高约1米。古庙内供有1件浙江明代龙泉窑烧制的青釉观音像，其面部和双手均未施釉而露胎，双手持一净瓶，渔民俗称其为"三脚婆"。另有一对近代的青花瓶，器身绘画山水纹图案。因庙内供奉的是明代龙泉窑观音像，可推测这座古庙应是明代建造的。根据琼海市潭门镇的渔民介绍，因1974年3月在此修建房屋，古庙即遭到拆毁。

琛航岛东南海滩上的另一座古庙距海边约50米。该古庙是用珊瑚石块垒砌成长方形的单间小屋，庙门面向南，顶部已遭到毁坏，仅存有三面残墙，墙面上遗留有用灰砂抹砌的痕迹。庙残高1.3、长1.7、宽1.2米。在庙门前遗落有少量清代青花瓷片，可能是庙内的供器。另在古庙近旁地表上还散落一些残板瓦和筒瓦。据初步推测，该古庙年代当为清代。

3. 东岛古庙

东岛上原有两座珊瑚石古庙，其中1座位于岛西南角的古庙于1973年因建房屋而被拆毁。现存的另1座古庙位于该岛东北角海滩上，距岸边海水仅30米。该古庙的建筑结构相对较复杂，是先用珊瑚石块干摆砌成近方形的围墙，另在正门的围墙外加砌一道曲尺形的护墙，并在围墙里面又用三块珊瑚石板搭盖成一小神龛，庙门向西面朝大海。现石庙围墙残高0.9~1.6、宽3.4~4.2米。在庙神龛内供奉1件近代酱釉陶三足小香炉，古庙周围地表上还散布有一些残瓦片，围墙上仍遗留有部分抹灰砂的痕迹。

4. 北岛古庙

北岛东南角海滩的1座古庙距海边约20米，因久有荒芜而已坍塌。古庙选用珊瑚石块垒砌成近方形的单间屋，庙门面向南，长、宽各约2米，高近1米，庙墙上还留有一些灰砂抹砌的残迹。庙内遗留2件清代道光年间福建德化窑烧制的青花盆，施釉较厚，器表有小冰裂纹，宽平沿，敞口，平底，器身表面绘青花变形四字纹和花卉纹图案。另立有两个木制神主牌，字迹漫漶不清，已难以辨认。此座珊瑚石庙应为清代所建造。

5. 甘泉岛古庙

在甘泉岛北边沙丘外的斜坡上现保存有2座小古庙，两庙呈南北并列，其中右侧的1座早已塌毁。而左侧的1座用四块珊瑚石板直接搭筑而成，并用几块珊瑚石板搭盖成顶部，小门敞开面朝东北，庙内未见有供器。古庙高0.5、进深0.8、宽0.8米。该庙的布局结构和垒砌技法同于广金岛小庙，其时代也当为清代。

6. 南岛古庙

南岛古庙位于岛东北端的沙坡上，建筑结构较为简单。庙是采用几块珊瑚石板搭盖而成的，其上部用几块珊瑚石板铺盖为庙顶，庙门向海，长宽各0.8米，高0.5米，庙内无其他遗物。古庙的结构形式与广金岛、甘泉岛的石庙较为相近，其建筑时代也应在清代。

7. 珊瑚岛古庙

据琼海市潭门镇渔民介绍，1938年以前珊瑚岛西南角海滩上原有1座珊瑚石小庙，距海边约30米。庙内原供奉有一尊用灰麻岩雕刻而成的女神像，长衣宽袖，双手置于胸前，手上托举1件三足香炉，立于六角柱基座上，通高1.57米。因在1938年后修建房屋时，该座石庙即遭到拆毁，现还遗留下当时的一些庙宇建筑遗迹。

注释

[1] 广东省博物馆：《广东省西沙群岛文物调查简报》，《文物》1974年第10期；广东省博物馆、广东省海南行政区文化局：《广东省西沙群岛第二次文物调查简报》，《文物》1976年第9期。
[2] 见1994年11月5日《海南日报》报道。
[3] 见2006年5月25日《海南日报》报道。
[4] 郝思德、王大新：《西沙群岛珊瑚岛清代石雕文物》，《中国考古学年鉴·2002》，文物出版社，2003年。
[5] 广东省博物馆：《广东省西沙群岛文物调查简报》，《文物》1974年第10期。
[6] 广东省博物馆、广东省海南行政区文化局：《广东省西沙群岛第二次文物调查简报》，《文物》1976年第9期。
[7] 何纪生：《谈西沙群岛古庙遗址》，《文物》1976年第9期。

1996年
西沙文物普查

第六章
西沙文物征集

西沙群岛地处古代海上丝绸之路南海航线的重要大通道，有不少商贸航船在这里不幸沉没，并在这片海域留下了较为丰富的中国古代沉船遗址及水下遗物。据海南岛东部沿海地区渔民流传下来的航海针经《更路簿》（又称《水路簿》）的文字记载，至迟在明、清时期，西沙群岛海域就一直是中国海南岛渔民传统作业的重要渔场。渔民们在这里进行捕鱼作业时，时常会发现和打捞出水一些陶瓷器等古代遗物。海南建省后，省文物管理部门与琼海市公安边防部门就注意加强对前往西沙海域从事捕鱼作业的渔民进行《中华人民共和国文物保护法》及其相关法律法规的宣传，并积极采取相应的措施，努力保护管理西沙水下文化遗产。自1996年实施西沙文物普查以来，部分渔民也在西沙部分海域陆续打捞出了一些水下遗物。琼海市博物馆获悉有关渔民在西沙海域打捞出水文物的信息后，及时报告省文物管理部门和省博物馆，并派出考古专业人员前往潭门港与琼海市公安边防部门共同处理此事。同时，也对打捞出水文物进行没收或征集，并移交给省博物馆收藏保管，努力保护好在"祖宗海"遗留下来的历史文化遗产。

一、珊瑚岛打捞出水的清代石雕制品

1986年4～5月，琼海县（今琼海市）潭门镇草塘村"00461号"渔船受镇政府的派遣，前往西沙群岛珊瑚岛东北处近旁的礁盘，打捞起一批出水石雕器物，并运回到潭门镇政府办公地点进行保存。为筹备西沙文物普查工作，省博物馆业务人员前往潭门镇进行西沙水下文物线索调查时，据渔民提供的文物信息，获悉镇政府办公地保存有部分西沙珊瑚岛打捞的石雕制品，随即对存放在这里的这批水下石雕制品进行了一定考察，初步推断它们应是一批以花岗岩石为材料加工的石雕建筑构件。为保护好这批西沙出水的石建筑构件，省博物馆对其进行了征集并收藏在馆内[1]。

经初步统计，石雕制品计有47件。其中，石雕男、女人像有10尊，石雕建筑构件多达37件，种类分别有石柱、石板、石条、石飞檐、石柱础等，部分构件上浮雕有龙纹、莲花纹、云纹、水草纹和折枝花卉纹等纹饰图案。雕刻技法古朴、粗放，纹饰线条简练、流畅。从石雕建筑构件的类型组合特征、雕刻制作技术和纹饰图案风格上来看，应是清代广东潮州或福建地区匠人所生产的，为当时侨居在东南亚一带的华人运往海外修建大型庙宇或祠堂一类建筑物所用的石质建筑材料。

二、1996年北礁发现的古代铜钱

在1996年西沙群岛文物普查结束后不久，琼海市潭门港一艘渔船前往西沙北礁近旁海域进行捕鱼作业时，又在其北侧约3米深的外礁盘上打捞起一批古代铜钱币、铜锭等水下遗物。待渔船返航后，及时报告了省文物管理部门，并委托省文物考古研究所派专业人员前去调查处理，及时征集了这批出水文物。经初步分析整理，这批铜钱约有5万枚之多，其中绝大多数为明代钱币，另有少量历代铜币及与珊瑚石相胶结的铜钱块和铜锭等[2]。

出水的这批铜钱中，除大部分是单个钱币外，有部分铜钱是与珊瑚石胶粘在一起的，在其胶结块上还遗留一些竹篾编织物的痕迹。其中，能辨认出钱文的绝大多数为明代早期的"洪武通宝"和"永乐通宝"货币，各有17000余枚和20000余枚。另有新莽"大泉五十"，西魏"五铢"，唐代"开元通宝"，北宋"太平通宝""景德元宝""景祐元宝""皇宋通宝""治平元宝""元丰通宝""大观通宝""政和通宝"等26个品种，南宋"建炎通宝""庆元通宝""大宋元宝""绍定通宝""皇宋元宝"等18个品种，还有金代"正隆元宝""大定通宝"和元代"至大通宝""至正通宝"等。铜锭发现有7块，大小不一，分别呈长条形或圆饼形，应属铜熔液灌注成块的半成品原料。

从北礁礁盘上出水的这批较为丰富的铜钱来看，是以明代"洪武通宝"和"永乐通宝"铜钱为多，其文物的年代特征表明，当属明代一艘沉船上的遗物。这种明显的文物保存现象，当是与1974年和1975年在北礁发现的明代沉船上的铜钱及铜锭情况基本相一致，是否推断两者之间可能存在一定的关联，抑或就是同一艘明代沉船上所装载的货物。

三、1997年北礁发现的水下遗物

1997年12月初，琼海市潭门港一艘渔船去西沙群岛进行捕鱼作业时，在北礁西北海域水深4米处的珊瑚石外侧礁盘上打捞出一批较多的古代文物。此后不久，省文物考古研究所闻讯，即派专业人员前往调查和鉴定。经初步了解，已有部分文物流散出去，我们随即同市文化文物部门、潭门镇政府共同商议，同意由省博物馆出面征集此批水下文物[3]。

这批征集的北礁出水文物有400余件，主要有陶器、瓷器、铜器、石器及部分铜钱、铜锭等。其中，以陶瓷器为多，瓷器釉色主要有宋代青白釉、元代青釉、明清青花等种，器形则有罐、壶、盘、洗、碗、碟、杯、盅、器座等。陶器以釉陶和泥质灰褐素面陶为主，器形仅有罐、盆、瓶、坩埚等。铜器在数量上占有一定比重，器形以龙纹盘、缠枝花卉纹盘、素面纹盘居多，分为大、中、小三型，制作加工颇为精制。另有部分大、中、小三型的铜器座及少量铜锁、铜弓簧等。石雕器物有仅磨制的研钵和圆条形杵。出水铜钱达1万枚，大多数为明代"洪武通宝""永乐通宝"，另有少量唐、宋、元各个时期的钱币。此外，还有长条形或圆饼形铜锭。

四、1998～1999年北礁发现的陶瓷器

1998年4月，琼海市潭门港部分渔船在西沙群岛北礁一带海域打捞出少量水下文物。市潭门镇边防派出所获悉后，依据《中华人民共和国文物保护法》等相关法律法规，及时查缴了这批水下文物，并正式移交给海南省博物馆收藏，共计160余件古代陶

瓷器[4]。

　　1999年潭门港有的渔船又在西沙群岛附近海域的礁盘上打捞出一批水下文物。市公安边防支队为保护西沙群岛文化遗产，立即没收了这些水下文物，并根据《中华人民共和国文物保护法》等有关法律法规的规定，及时将这批北礁水下文物移交给海南省博物馆收藏。这批出水文物数量很多，经初步分析统计，有1800余件古代陶瓷器[5]。

　　移交的这两批北礁出水古代文物可分为陶器和瓷器两类，其中，以瓷器居大宗，陶器数量较少。瓷器釉色可分青釉、青白瓷、青花等种，又以青釉瓷居多，青花、青白瓷次之。青白瓷为宋代江西景德镇窑所烧制，青釉瓷为元代浙江龙泉窑青瓷产品，青花瓷属明代福建闽南地区民窑的产品。瓷器器形主要有壶、罐、瓶、洗、碗、杯、粉盒、碟及器盖等种。陶器只有泥质陶器和釉陶，素面为主，器形仅见罐、盆、瓶等。

注释

[1] 郝思德、王大新：《西沙群岛珊瑚岛清代石雕文物》，《中国考古学年鉴·2002》，文物出版社，2003年。
[2] 郝思德、王恩：《西沙群岛北礁古代钱币》，《中国考古学年鉴·1997》，文物出版社，1999年。
[3] 郝思德：《西沙群岛北礁古代文物》，《中国考古学年鉴·1998》，文物出版社，2000年。
[4] 郝思德：《西沙群岛北礁水下文物》，《中国考古学年鉴·1999》，文物出版社，2001年。
[5] 见海南省博物馆保管部文物档案资料。

1996 年

西沙文物普查

第七章

西沙文化遗物

1996年西沙文物普查中，共采集和打捞出水文物近1700余件。此后不久，又相继征集和接受移交的部分西沙北礁海域出水遗物约600件。这些遗物，按不同质地，可以分为陶器、瓷器、铜器、铜钱和石雕制品五大类。其中，瓷器数量居大多数，其余三类文物较少，另有较丰富的中国古铜钱。在岛屿上采集的陶瓷器残片，大都是沉船上的遗物经海浪冲击而散布在沙滩上的，因所受海水浸泡的时间有限，故其表面显得较为光滑干净。打捞出水的陶瓷器，都是沉落在海水中的礁盘上的，经海浪长时间地不断冲刷，不少已变得残缺不全，器表一般还黏附着一层白色珊瑚石胶结物，有的还被珊瑚胶结物包裹着。由于陶瓷器中完整者较少，大都已破碎成残件或残片，仅有部分可以识别质地、釉色、器形和纹饰图案。少量的铜器、石雕制品等因质地比较坚硬，虽经海浪长时期冲刷，破碎的却很少。

　　下面按不同质地，分别对这五大类器物进行介绍。

一、陶器

　　陶器数量甚少，仅有泥质陶和釉陶两种，都是采用轮制方法加工制作，素面无纹饰。另有一些罐、瓶的破碎残片。

　　小坩杯　5件。器体很小，形制相同。

　　标本97HNB：06371、06393、06395，小直口，斜直壁，近圜底。口径3～4、底径1.5～2、高3.6～4.5厘米（图7-1）。

　　酱褐釉小口罐　5件。

　　标本97HNB：06463，小口，圆唇，卷沿，短直颈，溜肩，鼓腹，平底稍内凹。

图7-1　小坩杯（97HNB：06371、06393、06395）

图7-2　酱褐釉小口罐（97HNB：06463）

图7-3　酱褐釉小口罐（97HNB：06457）

口径3.5、底径8.4、高7.8厘米（图7-2）。

标本97HNB：06457，小口，圆唇，卷沿，颈颇短，圆肩，近球腹，平底。口径2、底径3.7、高6.7厘米（图7-3）。

二、瓷器

西沙文物普查发现的陶瓷器中，可分为岛屿采集和打捞出水两大部分。岛屿考古调查所采集的瓷器一般都散布在沙滩上，未受到海水浸泡，故其表面较干净光滑，能够识别质地和器形。而打捞出水的瓷器，因长期浸泡在海水中的礁盘上，器物表面已黏附有白色珊瑚石物质，少量还被珊瑚石包裹着，要经过一定的修复技术处理才能辨认其原来的质地、器形和纹饰图案。

瓷器按其釉色不同，可分为青白瓷、青瓷、青花、白瓷、黑釉等种类。其中，以青瓷为多，青花瓷次之，其余的则较少。器形主要有碗、罐、壶、盘、盆、瓶、洗、盒、碟、军持、杯、盂和器盖等，它们都是中国古代丝绸之路上陶瓷贸易的传统外销商品。这些瓷器从五代起，历经宋、元、明、清，直至近代都有，其中，又以宋、清两代瓷器居多，明代次之，元代很少。所有瓷器商品全都是产于我国广东、福建、江西、浙江、湖南等地的民间窑场，有的还是古代南方地区江西景德镇窑和浙江龙泉窑等名窑的产品。

1. 青白瓷

青白瓷数量不多，大都为瓷器残件。青白瓷釉色介于青、白二色之间，又称影青。胎质一般较细，胎色灰白，施釉较薄，且挂釉到底，釉色一般为泛青灰或泛青黄，其中有的属于精品瓷。器形主要有碗、杯、盒、盅、碟、瓶、器盖等，所施纹饰有莲花、牡丹、莲瓣纹、菊瓣纹、缠枝花卉、瓜棱纹、水波纹等，施纹方法以模印和刻划为主。青白瓷以宋代为多，产地主要有江西景德镇窑、广东西村窑、福建德化窑等民间窑场，其中青白瓷精品都是景德镇窑所烧制的。

（1）碗

34件。分敞口、撇口和斗笠形三种。

敞口碗。8件。内外壁施釉及足，圆唇，敞口，矮圈足，内壁无纹饰。

标本97XB：289，胎色灰白，器壁釉层多已剥落，斜直壁，器身外壁模印仰莲瓣纹。口径12.6、足径7.4、高4.3厘米（图7-4、图7-5）。

标本97HNB：03931，口沿稍残，斜直壁，器身带珊瑚石凝结物，施暗压仰莲瓣纹。口径9.4、足径5.5、高2.9厘米（图7-6、图7-7）。

标本97HNB：03930，口沿略残，器体较矮小，斜直壁，釉层多剥落，器身带少量珊瑚石胶结物，施仰莲瓣纹。口径10.5、足径6.4、高3.5厘米（图7-8）。

标本97HNB：0566，口沿稍残，近弧壁，器表素面，器身附着少量珊瑚石。口径16.4、足径5.4、高9.2厘米（图7-9）。

撇口碗。20件。内外壁施釉及足，圆唇，撇口，圈足，素面。

标本97HNB：0657，完整，施釉未及足，器身内外带有少许珊瑚石胶结物。近斜直壁，矮圈足。口径15.6、足径5.8、高9厘米（图7-10、图7-11）。

标本97HNB：0670，口沿稍残，釉色因经海水长期浸泡已变色，弧壁。口径15.4、足径5.6、高8.2厘米（图7-12）。

标本97HNB：0669，口沿残缺，器体内外壁釉面开冰裂纹。芒口且外撇较明显，近斜直壁，圈足较矮。口径14.2、足径5.2、高8.3厘米（图7-13）。

标本97HNB：0659，近半残缺，器体内外壁釉面开细冰裂纹，口沿外撇明显，斜弧壁，圈足稍矮。口径16.8、足径5、高7.8厘米（图7-14、图7-15）。

标本97HNB：0656，器形相同，相互胶结在一起，上面1件完整，下面1件口沿残缺。器体内外壁釉面有较大冰裂纹，弧壁，内壁底部刻一单圈弦纹。口径16.2、足径5.3、高8.6厘米（图7-16）。

斗笠碗。6件。

图7-4 青白瓷敞口碗（97XB：289）

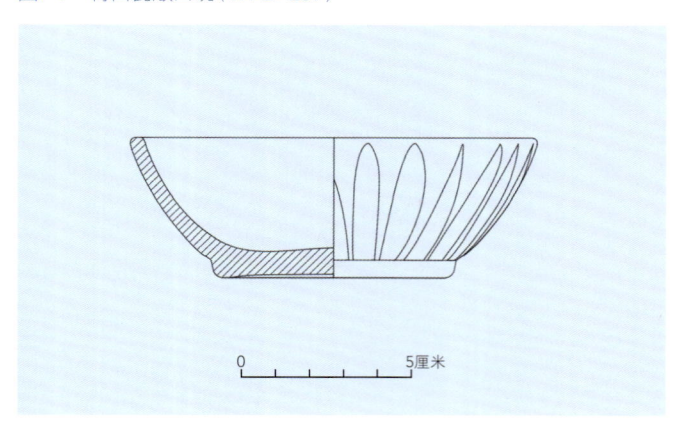

图7-5 青白瓷敞口碗（97XB：289）

第七章　西沙文化遗物

图7-6　青白瓷敞口碗（97HNB:03931）

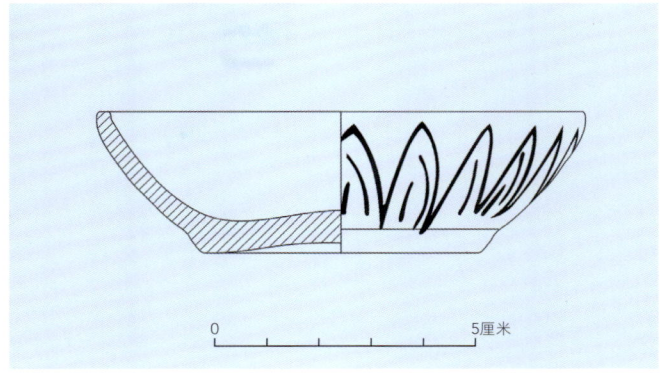

图7-7　青白瓷敞口碗（97HNB:03931）

图7-8　青白瓷敞口碗（97HNB:03930）

图7-9　青白瓷敞口碗（97HNB:0566）

图7-10　青白瓷撇口碗（97HNB:0657）

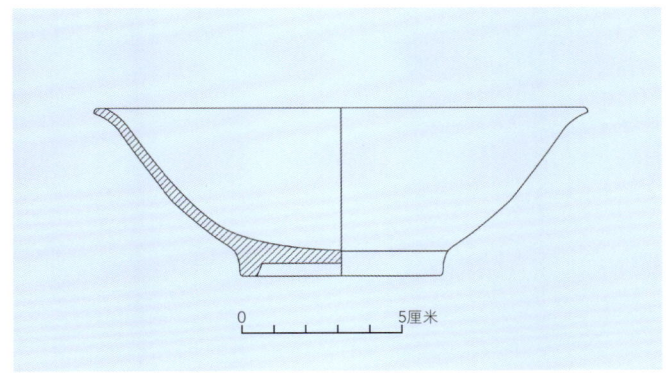

图7-11　青白瓷撇口碗（97HNB:0657）

图7-12　青白瓷撇口碗（97HNB:0670）

图7-13　青白瓷撇口碗（97HNB:0669）

图7-14　青白瓷撇口碗（97HNB:0659）

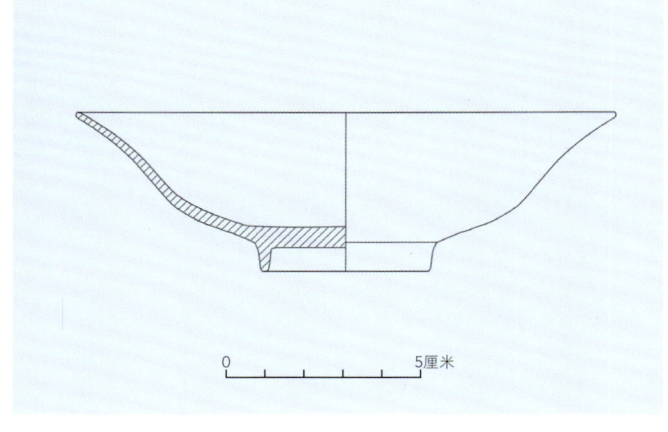

图7-15　青白瓷撇口碗（97HNB:0659）

图7-16　青白瓷撇口碗（97HNB:0656）

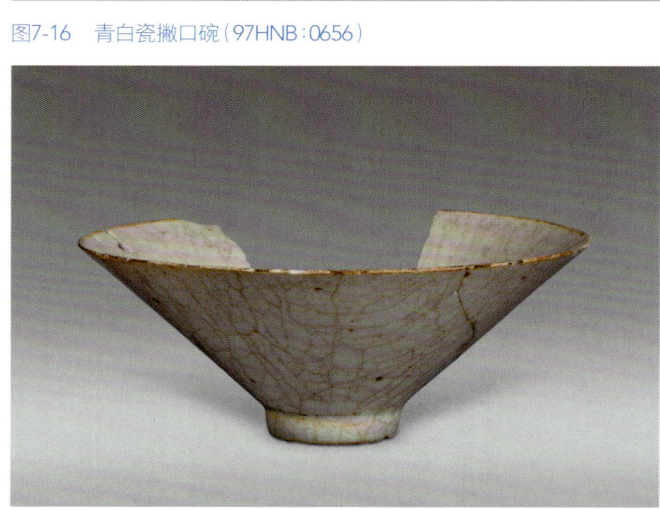

图7-17　青白瓷斗笠碗（97HNB:0664）

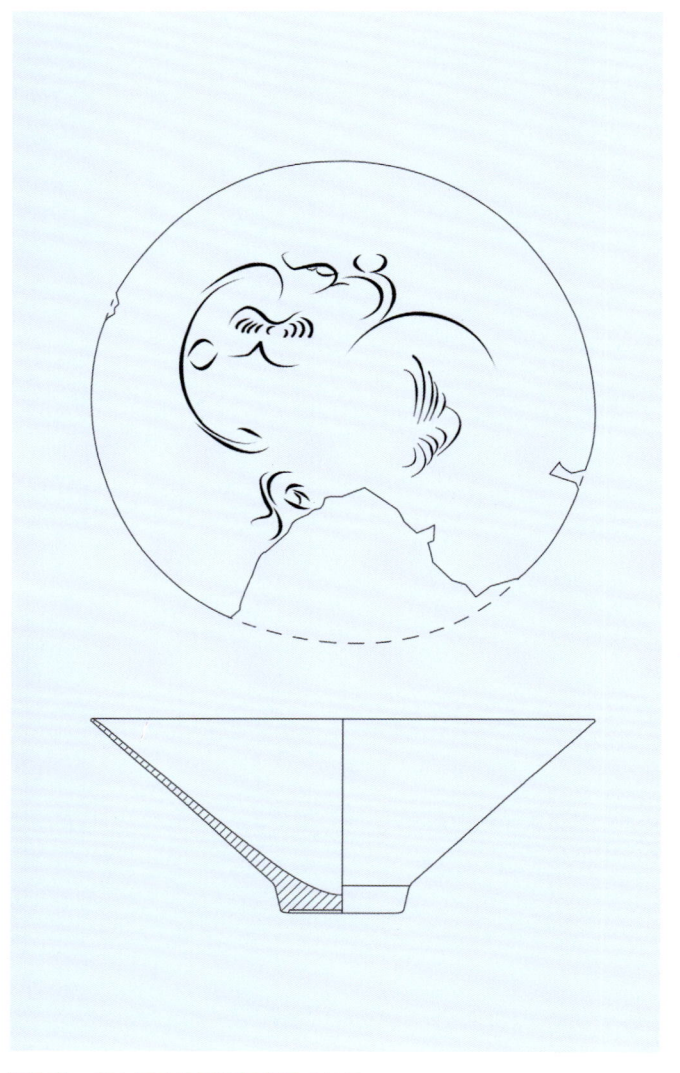

图7-18　青白瓷斗笠碗（97HNB:0664）

标本97HNB：0664，口沿残破，形似斗笠，白胎，器体内外施青白釉，釉质光亮，表面开细冰裂纹。尖圆唇，芒口，斜直壁，小矮圈足。口径15.4、足4.2、高9.4厘米（图7-17、图7-18）。

（2）瓶

19件。分盘口瓶、喇叭口瓶、玉壶春瓶、长颈瓶四种。

盘口瓶。9件。灰白胎，器身施青白釉及底。圆唇，近小盘口，直颈，圈足。

标本96XSUW：I33，完整，器身胶结有部分珊瑚石胶结物。弧肩，直颈较长，腹稍鼓，小圈足，颈部饰多道凸弦纹，腹部素面。口径3.8、足径4.2、高11.7厘米（图7-19、图7-20）。

标本97XB：240，釉面带有冰裂纹，口沿稍残。盘口略外撇，直颈颇长且斜下，平折肩，斜弧腹且较长，下端内收，圈足外撇。颈部饰十多道细弦纹，腹部素面。口径3.7、足径4.4、高14.5厘米（图7-21、图7-22）。

标本97HNB：06455，完整，器形甚小，胎色灰白，施青白釉及底，釉面光洁莹润，釉面有小开片。短直颈，溜肩，鼓腹，矮圈足且外撇，足底微凹，腹部外壁模印菊瓣纹。口径2.8、足径2.7、高4.9厘米（图7-23、图7-24）。

喇叭口瓶。5件。白色胎，胎壁较薄，施釉及底，青白釉色纯正，釉面布满冰裂

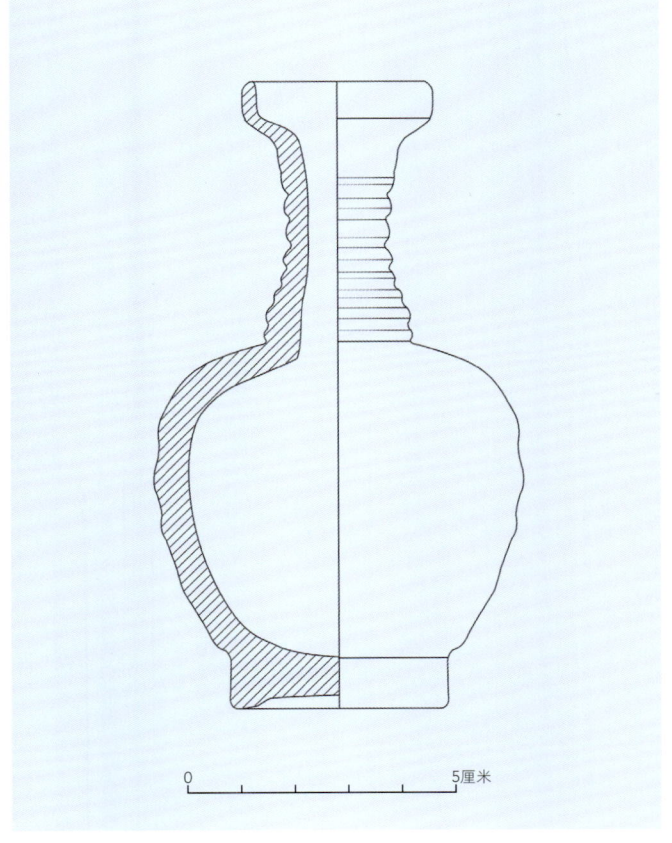

图7-19　青白瓷盘口瓶（96XSUW：I33）　　　图7-20　青白瓷盘口瓶（96XSUW：I33）

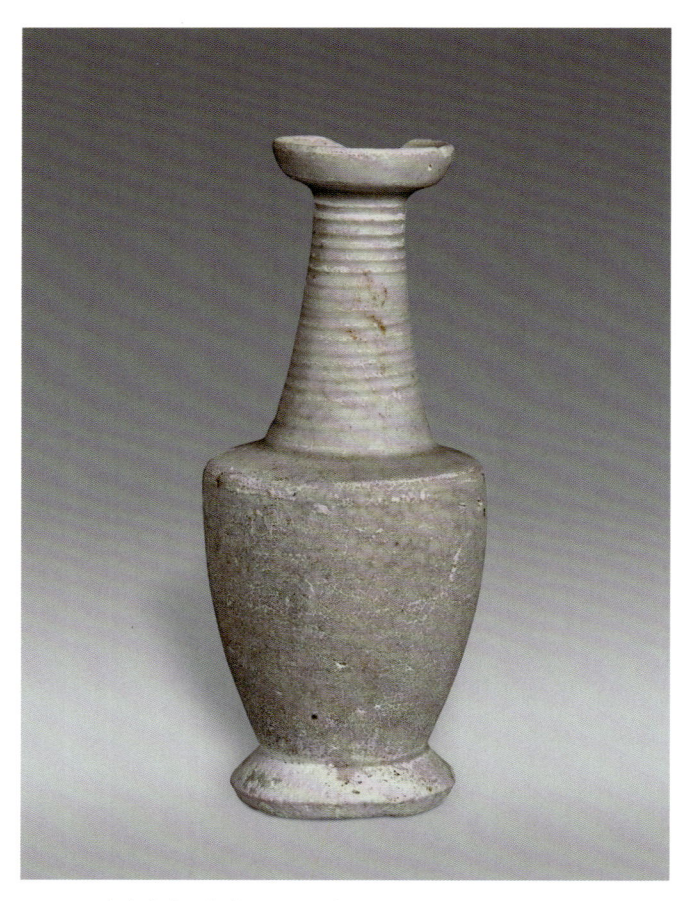

图7-21　青白瓷盘口瓶（97XB：240）

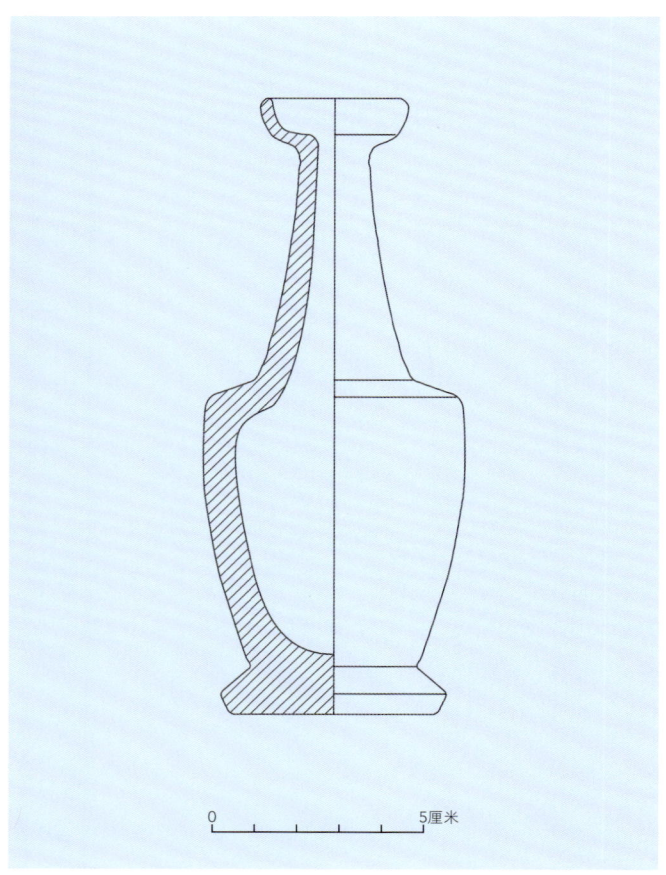

图7-22　青白瓷盘口瓶（97XB：240）

图7-23　青白瓷盘口瓶（97HNB：06455）

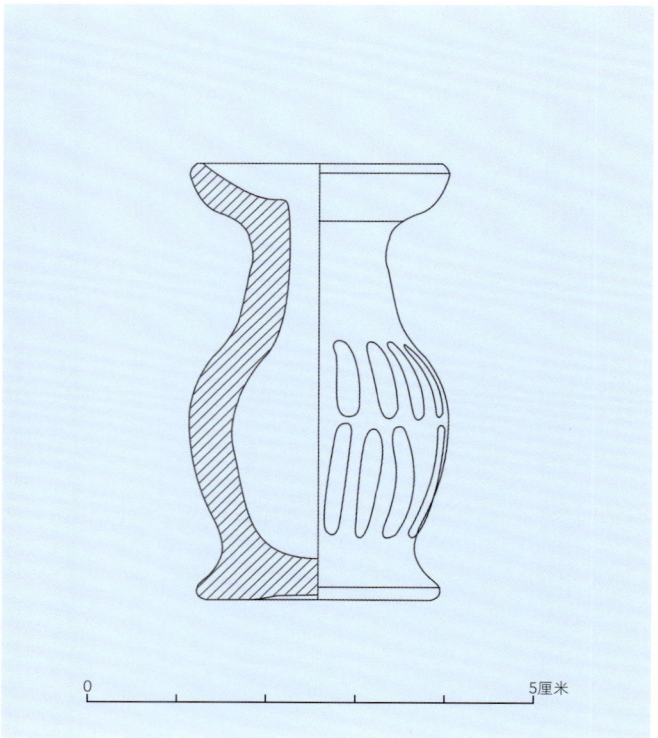

图7-24　青白瓷盘口瓶（97HNB：06455）

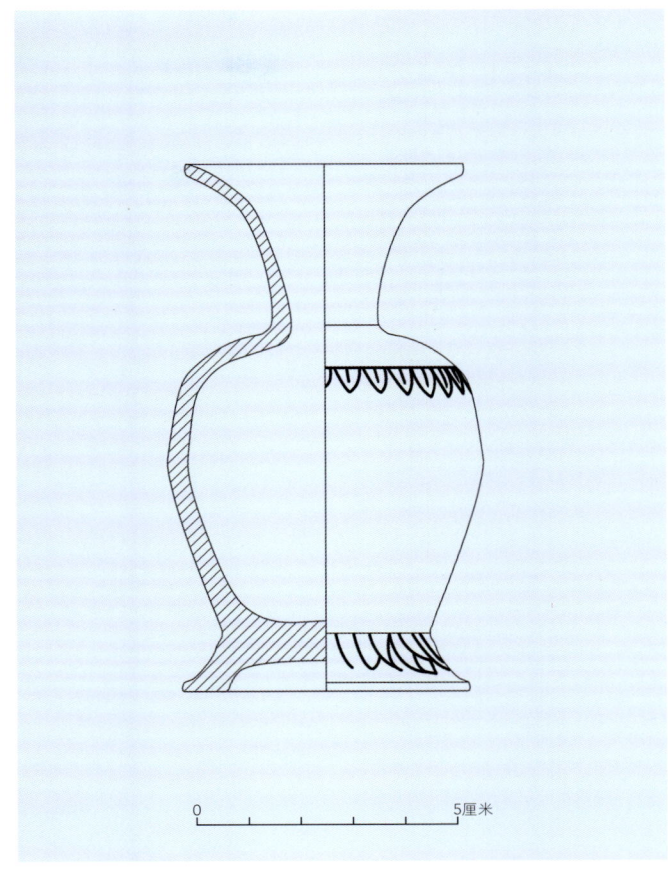

图7-25 青白瓷喇叭口瓶（97HNB：01565）　　　　　　　　　图7-26 青白瓷喇叭口瓶（97HNB：01565）

纹。圆唇，近喇叭口，短颈，鼓腹，圈足且外撇。

标本97HNB：01565，圆鼓肩，肩和腹部各饰一道凸弦纹，其下肩模印覆莲瓣纹，腹部模印菊瓣纹，足面模印覆莲瓣纹。口径5.8、足径5.7、高10.3厘米（图7-25、图7-26）。

标本97HNB：01568，口部残，喇叭口沿较外伸，溜肩，腹稍鼓，肩、腹相交处饰一道凸弦纹，腹部模印三圈稍宽的仰莲瓣纹，足面模印覆莲瓣纹。口径6.5、足径6.1、高11.4厘米（图7-27、图7-28）。

玉壶春瓶。2件。

标本97HNB：06378，口部残缺，胎色灰白，青白釉色偏白，施釉及底，器身附着一些珊瑚石胶结物。细长颈，斜溜肩，鼓腹略下垂，矮圈足。足径5.3、残高13厘米（图7-29）。

长颈瓶残件。3件。

标本96XQ：1，白色胎，胎壁较薄，青白釉色纯正，原器形较大。平唇，近直口，瓶颈较粗，往下渐内收近亚腰形，平肩，颈部近肩部饰两道弦纹。口径6.7、残高9.3厘米（图7-30）。

标本96XQ：8，原完整器形当是很大，灰白色胎，青白釉色不太纯正。近平唇，小口，口沿上凸近为一圆环，往下近似一小伞形，细长颈中部内收似亚腰形，口沿下

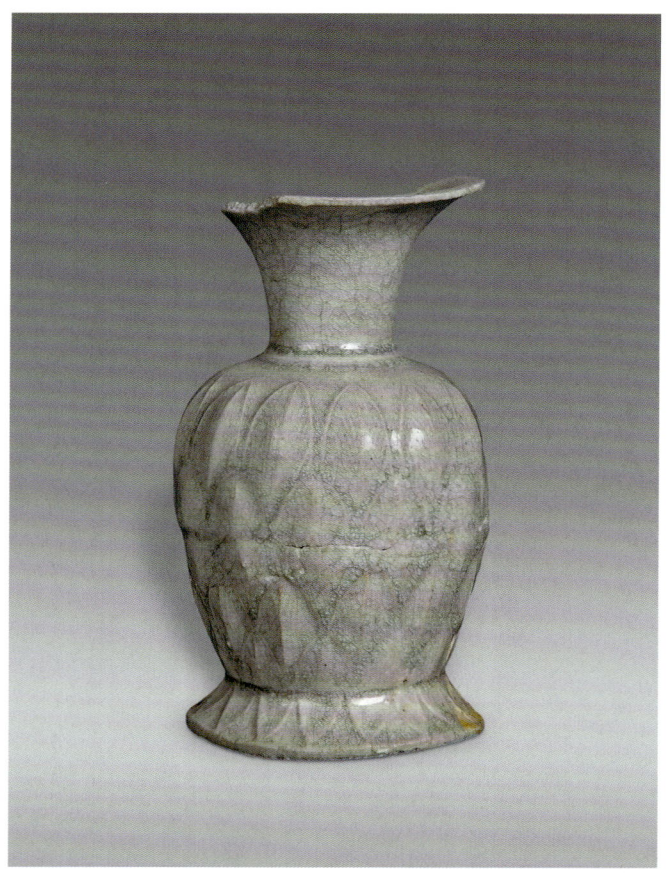

图7-27　青白瓷喇叭口瓶（97HNB：01568）　　　　　图7-28　青白瓷喇叭口瓶（97HNB：01568）

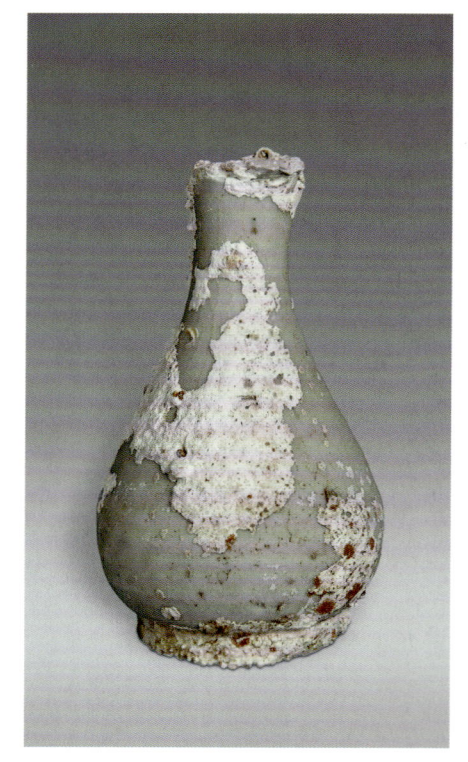

图7-29　青白瓷玉壶春瓶（97HNB：06378）　　图7-30　青白瓷长颈瓶残件（96XQ：1）　　图7-31　青白瓷长颈瓶残件（96XQ：8）

部施有凹叶纹饰。口径4.1、残高13厘米（图7-31）。

（3）粉盒

25件。分为盒身和盒盖，子母口。

盒身　18件。

子口，可分纹饰盒身和素面盒身两种。

纹饰盒身。9件。灰白色胎，青白釉色不太纯正，里外施釉，盒身子口边及外底均脱釉露胎。器身呈圆形，子口均为直口，盒身外壁模印菊瓣纹或刻划瓜棱纹。

标本97XB：83，器身稍大，子口低矮，斜直壁，大平底，稍内凹，外壁模印菊瓣纹。口径7.9、底径7、通高2.4厘米（图7-32）。

标本97XB：252，口沿略残，青白釉面有开片。子口稍矮，斜直壁，平底稍内凹，外壁刻划瓜棱纹。口径8.3、底径7、通高2.6厘米（图7-33）。

标本97XB：87，器形较小。子口略高，近弧壁，平底，外壁刻划瓜棱纹。口径3.1、底径3.4、通高4.8厘米（图7-34、图7-35）。

图7-32　青白瓷菊瓣纹盒身（97XB：83）

图7-33　青白瓷瓜棱纹盒身（97XB：252）

图7-34　青白瓷瓜棱纹盒身（97XB：87）

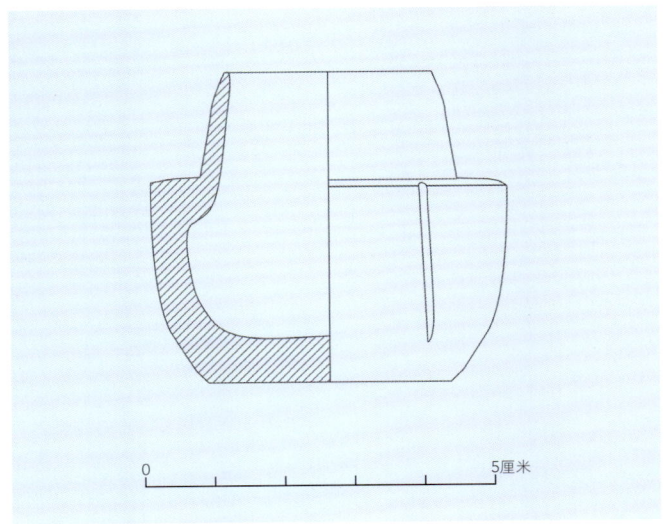

图7-35　青白瓷瓜棱纹盒身（97XB：87）

标本97XB：253，器形较小，器身表面分两层，口沿残。子口稍矮，近弧壁，平底，略内凹，外壁模印菊瓣纹。口径2.8、底径5.5、通高3.4厘米（图7-36）。

标本97XB：106，器形稍高，口沿已残。子口稍高，器身上部为直壁，往下斜收至平底，上部直壁刻划瓜棱纹。口径8.8、底径6.5、通高7厘米（图7-37）。

素面盒身。9件。圆形，子口，灰白色胎，青白釉色不太纯正，里外施釉，盒身子口边及外底均无釉露胎。

标本96XBUW：采3，口沿略残。子口稍高，直壁往下斜收至平底。口径5.2、底径5.5、通高5厘米（图7-38）。

标本97XB：92，器形很小，口沿已残。子口较高，直壁往下斜收至平底。口径3.1、底径3.4、高3.8厘米（图7-39）。

图7-36　青白瓷菊瓣纹盒身（97XB：253）

图7-37　青白瓷菊瓣纹盒身（97XB：106）

图7-38　青白瓷素面盒身（96XBUW：采3）

图7-39　青白瓷素面盒身（97XB：92）

第七章　西沙文化遗物

图7-40　青白瓷素面盒身（97XB：112）

图7-41　青白瓷素面盒身（97HNB：06396）

　　标本97XB：112，器形较低矮，器身附有珊瑚石胶结物，釉面有较大冰裂纹。短子口，近斜直壁，平底内凹。口径6.3、底径6、高2厘米（图7-40）。

　　标本97HNB：06396，器形很小，口沿残缺，器身附满珊瑚石胶结物。子口甚矮，斜直壁，平底，口径3.8、底径3.1、高1.2厘米（图7-41）。

　　盒盖　7件。

　　母口，可分圆形和八边形两种。

　　圆形盒盖。5件。完整，胎色灰白，青白釉色不太纯正，母口，模印纹饰。

　　标本97XB：261，盖顶面近边缘饰三周凸弦纹，中间模印折枝牡丹，盖边模印一圈菊瓣纹。盖径9.1、高2.2厘米（图7-42、图7-43）。

　　标本97XB：269，盖顶面近边缘饰一周弦纹，中间模印折枝牡丹，盖边模印一圈菊瓣纹。口径9、高2.2厘米（图7-44、图7-45）。

　　标本97XB：260，胎色灰白，釉色大都脱落。母口，盖面刻划五道瓜棱纹，中间带一小圆纽。盖径6.2、高2.8厘米（图7-46）。

　　标本97XB：254，完整，盒身与盒盖，子母口，素面。盒身，子口低矮，弧壁，矮圈足；盖顶圆鼓，近盖边暗压有宽弦纹。口径8.7、足径5.5、通高5.7厘米（图7-47、图7-48）。

　　八边形盒盖。2件。

　　标本97XB：265，胎色灰白，釉色灰白，釉面有小开片，平面呈八边形。母口，盖面无纹饰。盖径4.9、高1.8厘米（图7-49）。

图7-42　青白瓷牡丹纹盒盖（97XB：261）

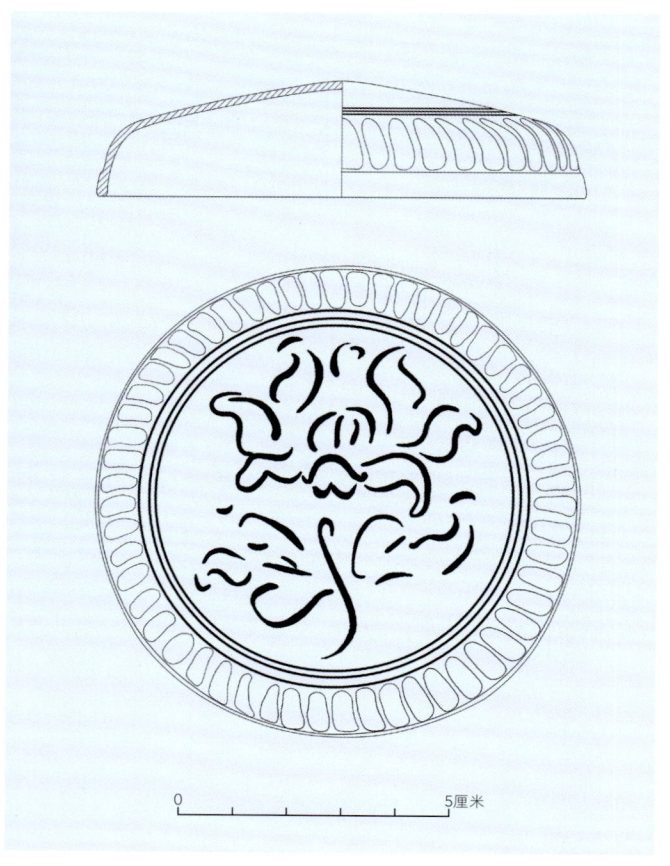

图7-43　青白瓷牡丹纹盒盖（97XB：261）

图7-44　青白瓷牡丹纹盒盖（97XB：269）

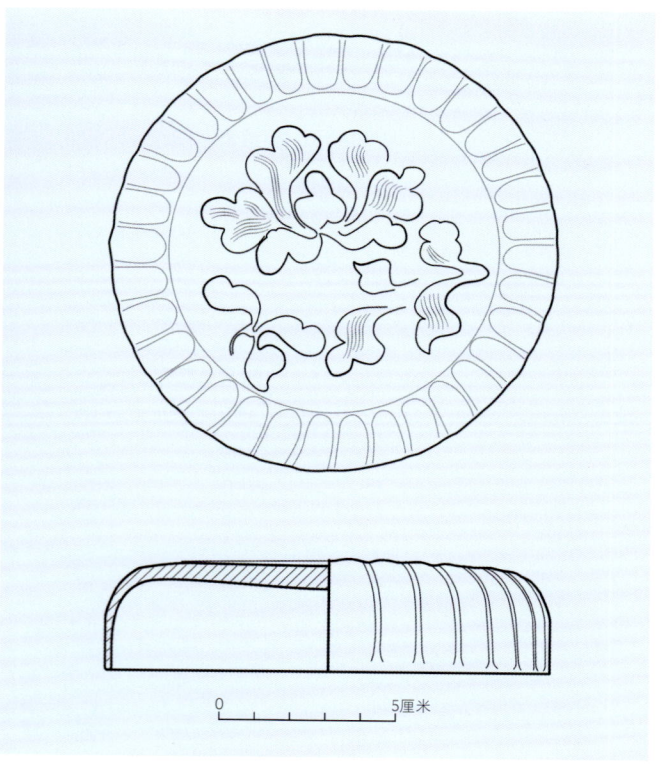

图7-45　青白瓷牡丹纹盒盖（97XB：269）

第七章　西沙文化遗物

图7-46　青白瓷瓜棱纹盒盖（97XB：260）

图7-47　青白瓷素面盒（97XB：254）

图7-48　青白瓷素面盒（97XB：254）

图7-49　青白瓷八边形盒盖（97XB：265）

（4）小碟

3件。均为碟残件，胎色灰白，青白釉略呈灰色，矮圈足。

标本97HNB：0833，残半，器身附有少量珊瑚石凝结物。花口，折沿稍宽，斜弧壁，圈足较矮，内底刻划有一道凹弦纹。口径13、足径6.2、高3.1厘米（图7-50）。

标本96XJ：2，残大半，器体内外壁施釉，釉色较莹润。圆唇，敞口，弧壁，矮圈足，素面。口径7.7、足径6、高1.8厘米（图7-51）。

（5）小杯

2件。灰白胎，内外壁施青白釉，釉面较光洁，矮圈足。

标本97XB：283，口沿稍残。小直口，弧壁，内底较平，近口沿外壁上面刻划一圈凹弦纹。口径7.1、足径3.6、高3.6（图7-52、图7-53）。

（6）小盅

2件。灰白胎，内外壁施青白釉，釉面较光洁。器身内外壁上附着珊瑚石胶结物。

图7-50　青白瓷小碟（97HNB：0833）

图7-51　青白瓷小碟（96XJ：2）

图7-52　青白瓷小杯（97XB：283）

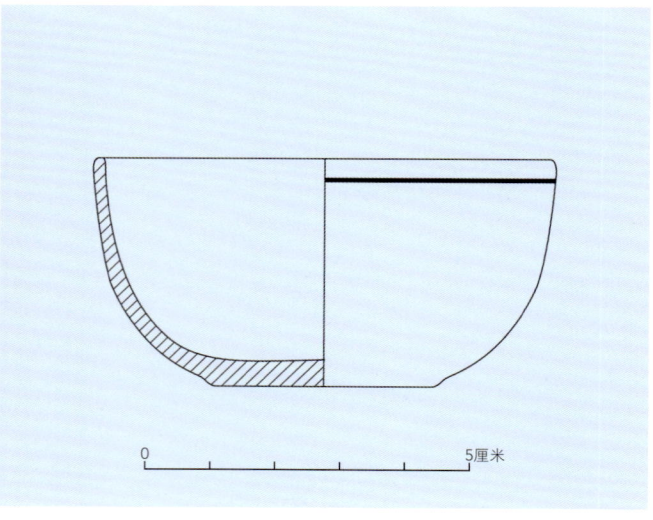

图7-53　青白瓷小杯（97XB：283）

第七章　西沙文化遗物

图7-54　青白瓷小盅（97HNB：06397）

图7-55　青白瓷器托（97XB：276）

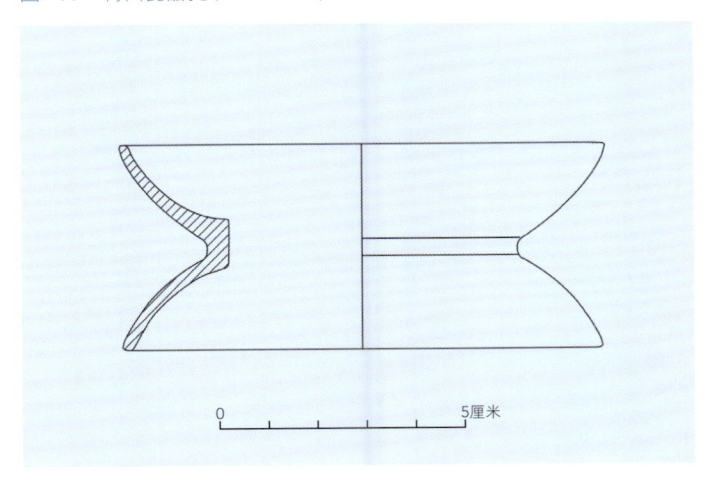

图7-56　青白瓷器托（97XB：276）

标本97HNB：06397，口沿微残。近圆唇，小敞口，斜直壁下收至圈足，素面。口径4.1、足径2、高2.2厘米（图7-54）。

（7）器托

2件。为两个近似碗的相同器形通过其底相连而组成的1件器物，灰白胎，内外壁施青白釉。

标本97XB：276，较为完整。平圆唇，侈口，上下口径相同，两者相连处为中空，素面。口径10.4、底径10.4、通高4.4厘米（图7-55、图7-56）。

（8）匙

2件。灰白胎，内外壁施青白釉，略呈灰色，上面附着少量珊瑚石凝结物。

标本97HNB：06374，柄残断。口近椭圆形，后带一柄，底近平，素面。匙宽4.4、残长8.8厘米（图7-57）。

（9）香炉

2件。内外壁施青白釉，且都附着有珊瑚石凝结物。

标本97HNB：06656，残半。近筒形，圆唇，口沿略外折，直壁，内底平，原饰有三乳突足，现仅存一足。器身中部和近底部饰有两道凸弦纹。口径10.8、足径4.9、高7.4厘米（图7-58）。

（10）器盖

14件。可分带纽和素面两种。

带纽盖。10件。平面呈圆形，灰白胎，内外壁施青白釉。

标本97XB：271，釉面有小开片，开片处泛灰。子口，形似小伞状，盖沿斜出，盖面微弧，顶有一小纽扣式纽，盖沿下凸成饼状塞。盖径5.6、通高3厘米（图7-59）。

标本97XB：262，釉面有小开片，较为光洁。母口，盖面圆鼓，顶饰一小纽扣

图7-57 青白瓷匙（97HNB：06374）

图7-58 青白瓷香炉（97HNB：06656）

图7-59 青白瓷带纽盖（97XB：271）

图7-60 青白瓷带纽盖（97XB：262）

式纽，已残。盖径7.2、通高2.2厘米（图7-60）。

标本97XB：272，稍残，灰白胎，施青白釉，有开片，盖沿处无釉。子口，盖顶平整，四周往下呈斜弧形，上刻划两圈凹弦纹，内有一近桥形錾纽，饼状塞。盖径8.3、通高3.1厘米（图7-61）。

标本97HNB：06449，所施青白釉已变为浅黄褐色，釉面有开片。子口，圆盖顶下凹，宽边沿平整，紧贴凹边缘有一小管状系，盖沿与倒锥台状塞相连。盖径7.1、通高2.3厘米（图7-62）。

标本97HNB：06450，器形较小，所施青白釉已稍变色，釉面有开片。子口，盖顶下凹，紧贴凹边缘有一小管状系，饼状塞。盖径6.9、通高1.5厘米（图7-63）。

标本97HNB：06452，灰白胎，施青白釉，釉面有开片。子口，圆顶中部向下内

图7-61　青白瓷带纽盖（97XB：272）

图7-62　青白瓷器盖（97HNB：06449）

图7-63　青白瓷器盖（97HNB：06450）

图7-64　青白瓷带纽盖（97HNB：06452）

收似漏斗状，下凹处中央有相连的一小圆环纽和一小乳突纽，小圆饼形塞。盖径9、通高2.6厘米（图7-64）。

标本97HNB：06391，此件器盖造型较为特别，灰白胎，施青白釉，盖身附有珊瑚石凝结物。母口，盖面近圆弧，顶部饰一带有头和尾部的动物造型，其周围还戳有篦点纹，侧边还饰一錾状器把。盖口径5.5、通高3.8厘米（图7-65）。

素面盖。4件。平面呈圆形，灰白胎，内外壁施青白釉。

标本97HNB：06447，器形较矮小，所施青白釉已渐变色，釉面布满小开片。子口，盖顶中部稍下凹，顶平，盖沿边较宽，紧贴下凹边缘有一小孔，小圆饼形塞。盖径6.9、通高1.6厘米（图7-66、图7-67）。

标本97XB：80，胎色灰白，所施青白釉已变色。近似圆饼形，母口较大，器身较扁，盖顶平整，小圆饼形塞，素面。盖径9.4、通高2厘米（图7-68）。

标本97HNB：06372，器身较扁小。平面呈圆形。子口，顶中央稍鼓，往四周略隆起，顶面饰两道凹弦纹，盖沿稍宽，短圆饼形塞。盖径5.7、高1.6厘米（图7-69）。

（11）罐

5件。皆为残件，可分鼓腹和瓜棱两种。

鼓腹罐。2件。

标本97HNB：06446，罐残件，口沿与上半器身残缺。胎色灰白，施青白釉及足，光泽较好，外表带有珊瑚石胶结物。鼓腹，矮圈足，素面。足径2.1、残高1.7厘米（图7-70）。

瓜棱罐。3件。残件，小口，短颈，罐腹身刻划有瓜棱纹。

图7-65　青白瓷器盖（97HNB：06391）

图7-66　青白瓷器盖（97HNB：06447）

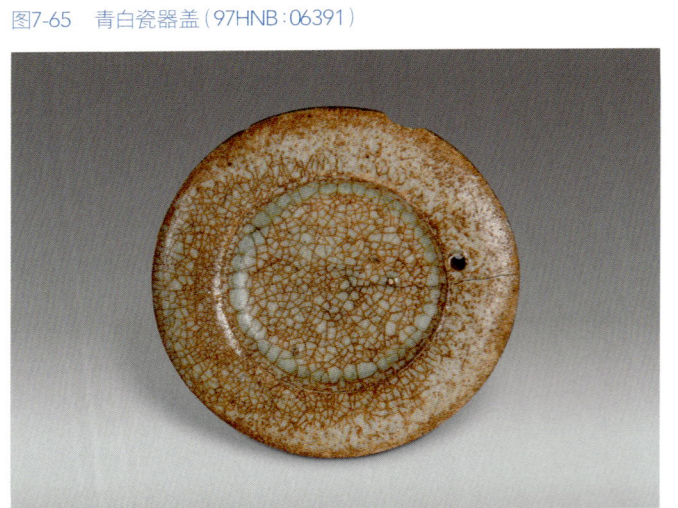

图7-67　青白瓷器盖（97HNB：06447）

图7-68　青白瓷器盖（97XB：80）

图7-69 青白瓷器盖（97HNB：06372）

图7-70 青白瓷鼓腹罐（97HNB：06446）

2. 青瓷器

发现的青瓷器数量居多，除有少量完整器外，大部分为瓷器残件。青瓷釉色一般以青绿、青黄、青灰多见，大部分器物施釉较厚，有的还有流釉现象，部分见有冰裂纹。胎色灰白，因在海水中长期浸泡，有的器物表面釉色已有所变化。器形主要有罐、碗、盘、盒、洗、钵、碟、壶、盂、瓶、盆等。部分青瓷器内外壁饰有花纹，外壁一般施莲花纹、莲瓣纹、菊花纹、缠枝花卉、瓜棱纹、弦纹等，内壁多饰莲花纹、菊花纹、鱼纹、云纹等，施纹技法一般采用模印和刻划。青瓷器多见于宋代，元代次之，明、清两代则较少。其中，宋代青瓷器产地主要有福建闽南地区和广东、浙江等地民窑，而青瓷器中的精品则是浙江龙泉窑所生产的。

（1）罐

108件。分为四耳罐、双系罐、瓜棱罐、素面罐四种。另有罐残片2件和罐残底9件。

四耳罐。6件。器形较大，素面，平底。

标本97XB：64，器表带有珊瑚石胶结物。圆唇，直口，短颈，斜溜肩，鼓腹，平底稍大。肩部附有对称的四横桥耳，腹部有小残孔。口径11、底径11、高14.6厘米（图7-71、图7-72）。

标本97XB：223，口沿稍残，釉层已大多剥落，器身略宽大。圆唇，直口，短颈，斜溜肩，鼓腹，平底较大。肩部附有对称的四横桥耳。口径12.9、底径13.7、高15厘米（图7-73）。

标本97HNB：06442，器身附有部分珊瑚石胶结物。圆唇，侈口，颈略高，斜溜肩，鼓腹，平底。肩部原来四横桥耳，现残缺一耳。肩、颈部有数道凹弦纹。口径8、底径7.8、高13.1厘米（图7-74）。

图7-71　青瓷四耳罐（97XB:64）

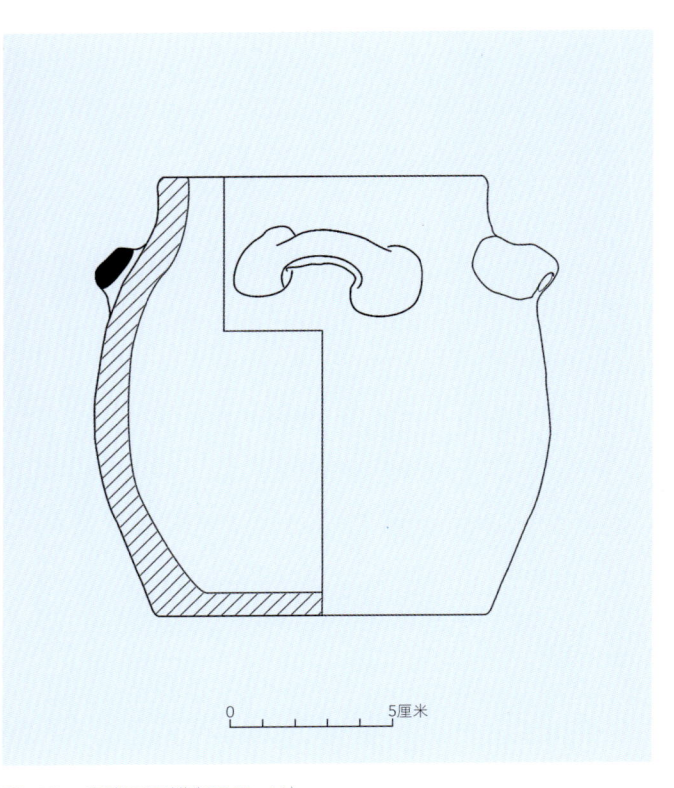

图7-72　青瓷四耳罐（97XB:64）

图7-73　青瓷四耳罐（97XB:223）

图7-74　青瓷四耳罐（97HNB:06442）

图7-75 青瓷双系罐（97XB:61）

图7-76 青瓷双系罐（97XB:61）

双系罐。7件。器形较小。

标本97XB:61，残存罐上半身。平唇，小直口，矮颈，丰肩，颈、肩相近处饰一对短管状小系。肩部模印弦纹和花卉纹。口径2.5、残高5.3厘米（图7-75、图7-76）。

标本97XB:62，残存罐上半身，釉层已渐变色，器表附珊瑚石胶结物。平唇，小直口，矮颈，丰肩。颈、肩处残存一短管状小系，肩部模印菊花纹。口径4.3、残高4.7厘米（图7-77、图7-78）。

标本97XB:274，残存罐上半身，器身有裂纹，釉层已渐变色，器表附珊瑚石胶结物。平唇，小直口，矮颈，丰肩。颈、肩处残存一短管状小系。器身素面。口径4.4、高4.8厘米（图7-79）。

标本96XBI:49，圆唇，小口外撇，短直颈，鼓肩，近球腹，小矮圈足。肩部饰一对小桥形系，素面。口径3.6、足径2.6、高6.7厘米（图7-80、图7-81）。

标本97XB:230，平唇，小直口，短直颈，丰肩，鼓腹，平底。肩部原有一对短管状小系，已残，上腹部模印水草纹，下腹部模印仰莲瓣纹。口径3.9、底径4.6、高8.5厘米（图7-82、图7-83）。

瓜棱罐。76件。器形较小，矮圈足，肩部饰四个小横桥耳，腹身刻划瓜棱纹。

标本97XB:70，小直口，短直颈，丰肩，鼓腹。罐身刻划六瓣双道瓜棱纹。口径3.5、足径4.6、高6.5厘米（图7-84）。

标本97XB:21，口沿残。小直口，短直颈，丰肩，鼓腹。罐身刻划六瓣单道瓜棱纹。口径3.7、足径5、高5.9厘米（图7-85、图7-86）。

标本96XBI:231，直口，短直颈，丰肩，近球腹。罐身刻划六瓣双道宽瓜棱

图7-77 青瓷双系罐（97XB:62）

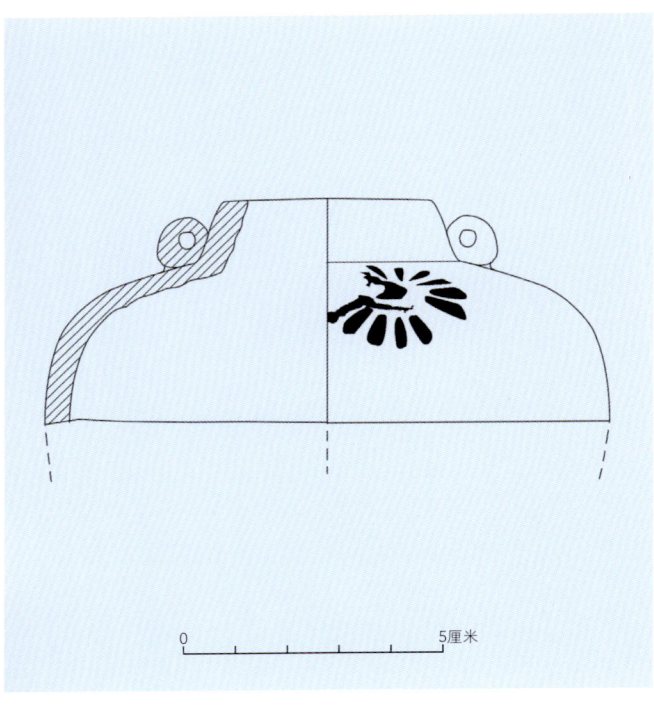

图7-78 青瓷双系罐（97XB:62）

图7-79 青瓷双系罐（97XB:274）

图7-80 青瓷双系小罐（97XBI:49）

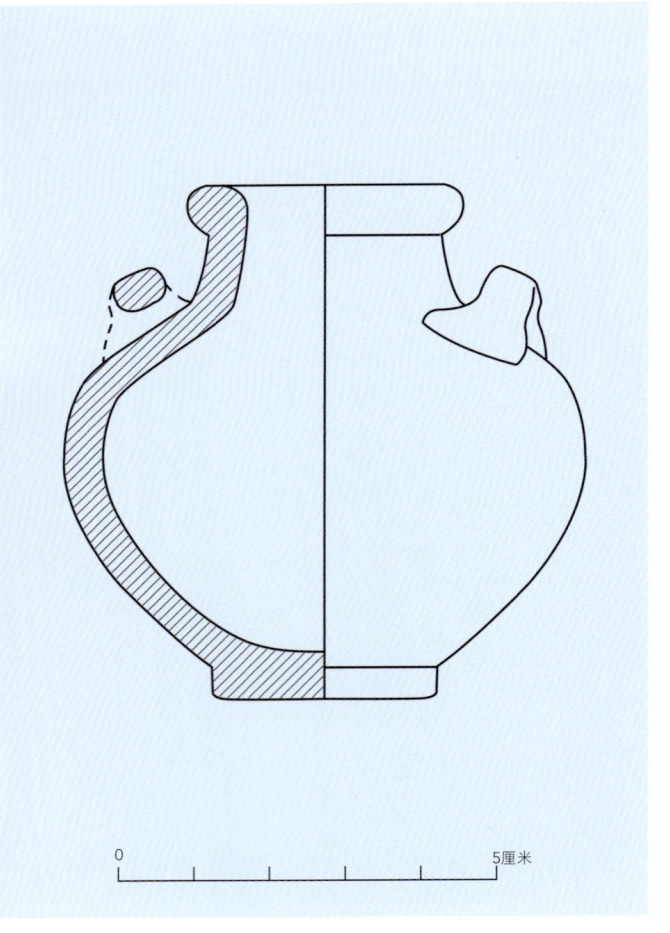

图7-81 青瓷双系小罐（97XBI:49）

图7-82　青瓷花纹小罐（97XB:230）

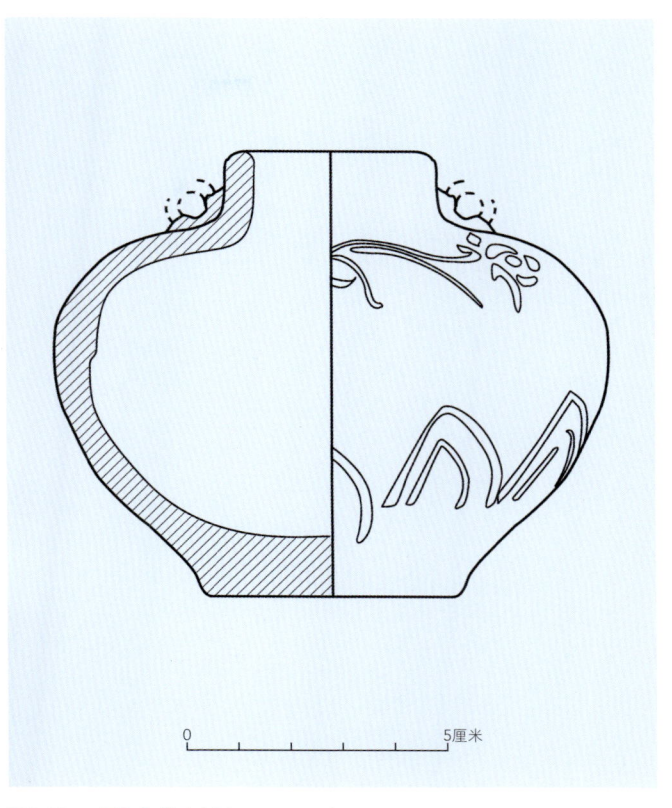

图7-83　青瓷花纹小罐（97XB:230）

图7-84　青瓷瓜棱罐（97XB:70）

图7-85　青瓷瓜棱罐（97XB:21）

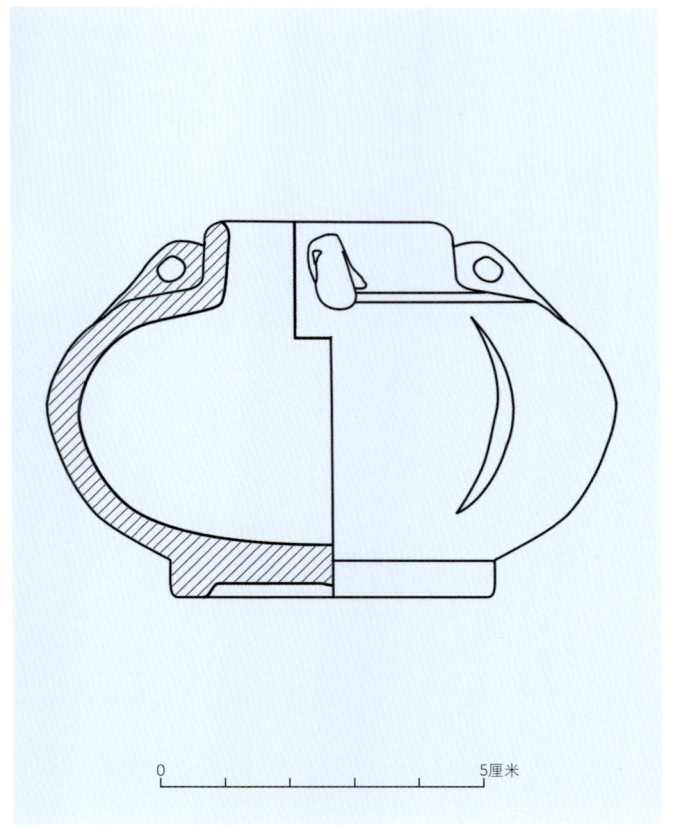

图7-86　青瓷瓜棱罐（97XB:21）

纹。口径3.6、足径5.3、高6.7厘米（图7-87、图7-88）。

标本97HNB：03079，小直口，短直颈，丰肩，近球腹。罐身刻划六瓣双道细瓜棱纹。口径3.8、足径5、高6.5厘米（图7-89、图7-90）。

标本97HNB：03095，直口，短直颈，丰肩，鼓腹，圈足。肩部饰一周短竖条纹，罐身刻划六瓣双道瓜棱纹。口径4.4、足径5.2、高7厘米（图7-91、图7-92）。

素面罐。8件。

标本97HNB：06465，口沿残缺，带有少量珊瑚石胶结物。圆唇，卷沿，口稍侈，短颈，溜肩，鼓腹，圈足。器身饰几道弦纹。口径8.6、底径8.2、高12.1厘米（图7-93）。

标本97XB：51，完整。圆唇，小口，口沿外卷，短直颈，溜肩，圆鼓腹，平底。素面。口径3.5、底径3.9、高6.4厘米（图7-94）。

标本97XB：229，口沿略残。圆唇，小直口且稍外卷，短直颈，丰肩，圆鼓腹，平底。素面。口径3.3、底径3、高6.7厘米（图7-95）。

标本97HNB：03083，小口，短直颈，丰肩，鼓腹，肩部饰四小横桥耳，圈足，素面。口径3.7、足径5.7、高6.7厘米（图7-96）。

另有2件罐残片和9件罐残底。

标本97HNB：06700，为罐腹部残片。侈口，短颈，斜溜肩，鼓腹，器身饰仰莲瓣纹。口径13.6、高6.6厘米（图7-97）。

标本97HNB：06701，为罐器把残片。其上装饰有一朵菊花，另又系带一环状把手。残高10.3厘米（图7-98）。

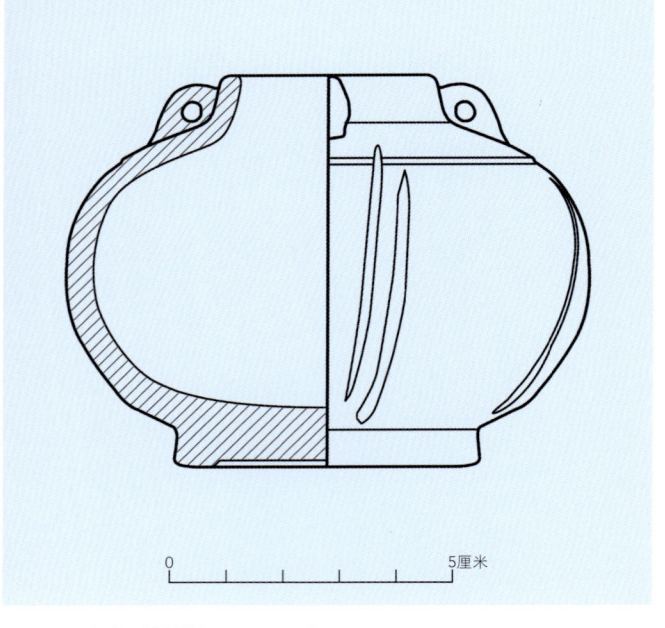

图7-87　青瓷瓜棱罐（97XBI：231）

图7-88　青瓷瓜棱罐（97XBI：231）

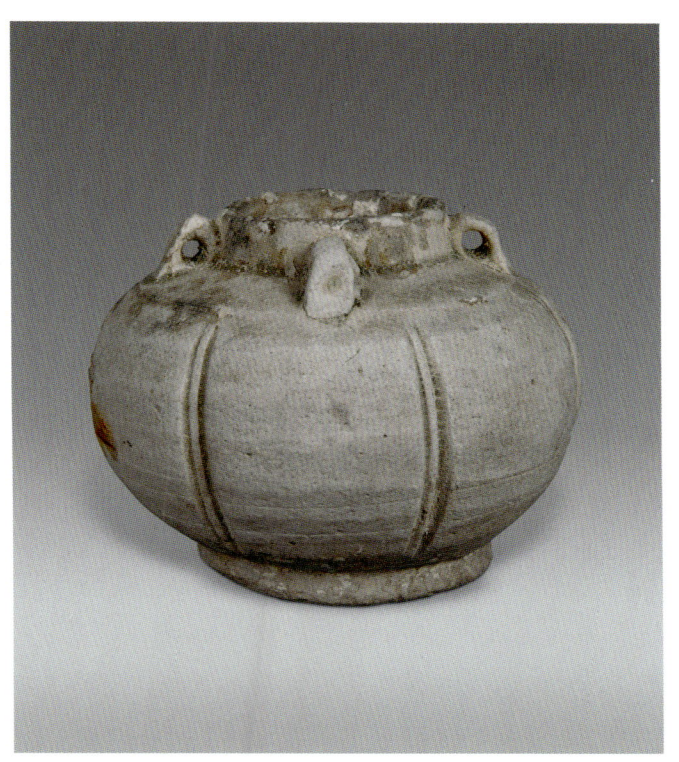

第七章　西沙文化遗物

图7-89　青瓷瓜棱罐（97HNB：03079） 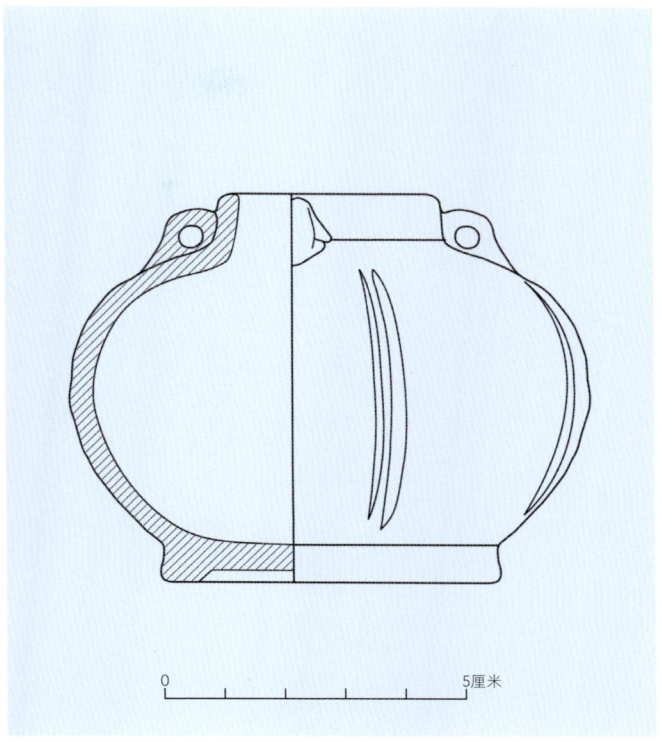　　图7-90　青瓷瓜棱罐（97HNB：03079）

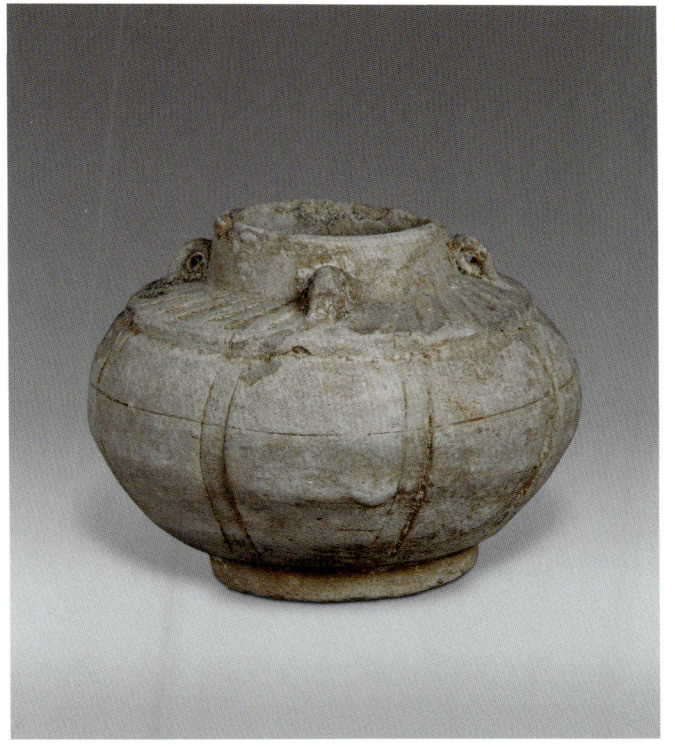

图7-91　青瓷瓜棱罐（97HNB：03095） 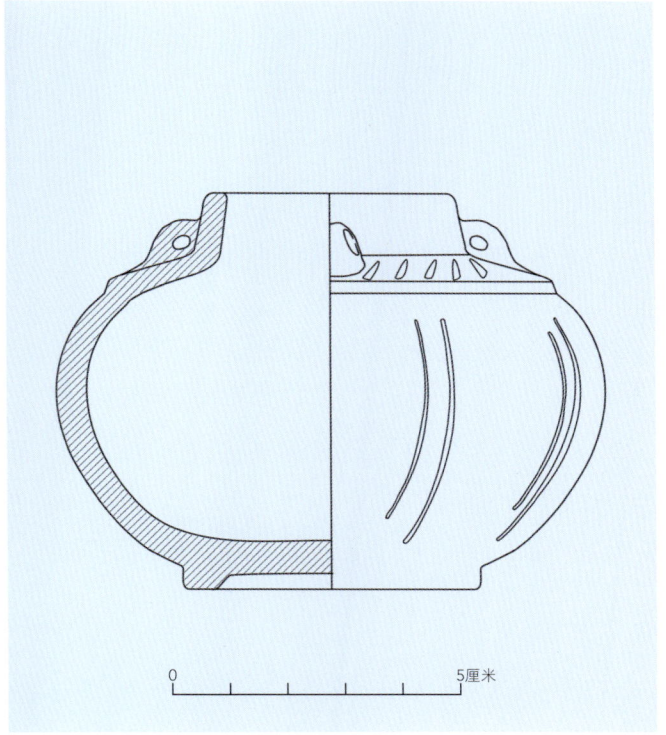　　图7-92　青瓷瓜棱罐（97HNB：03095）

图7-93　青瓷素面罐（97HNB：06465）

图7-94　青瓷素面小罐（97XB：51）

图7-95　青瓷素面小罐（97XB：229）

图7-96　青瓷四系小罐（97HNB：03083）

图7-97　青瓷花纹罐残件（97HNB：06700）

图7-98　青瓷残罐（97HNB：06701）

（2）碗

32件。可分撇口碗、敞口碗、花口碗、敛口碗四种，另有碗底12件。

撇口碗。7件。器身施青釉，釉不及底，釉面有冰裂纹。

标本96XB：11，残半，所施青釉色稍泛灰。圆唇，撇口，弧壁，内底较平，圈足，挖足较浅。上部饰一道凹弦纹。口径15.8、足径6.1、高5.9厘米（图7-99、图7-100）。

标本98XB：91，完整，所施青釉色稍泛黄。尖圆唇，口外撇，碗壁略斜弧，圈足。外壁素面，内壁口沿下饰一道凹弦纹。口径15.5、足径6.3、高5.9厘米（图7-101）。

标本97HNB：06430，近残半，所施青釉色稍泛灰，器身附有珊瑚石凝结物。圆唇，口外撇，壁鼓，圈足，近口沿处饰两道弦纹。口径17、足径6.5、高6.8厘米（图7-102）。

图7-99　青瓷撇口碗（96XB：11）

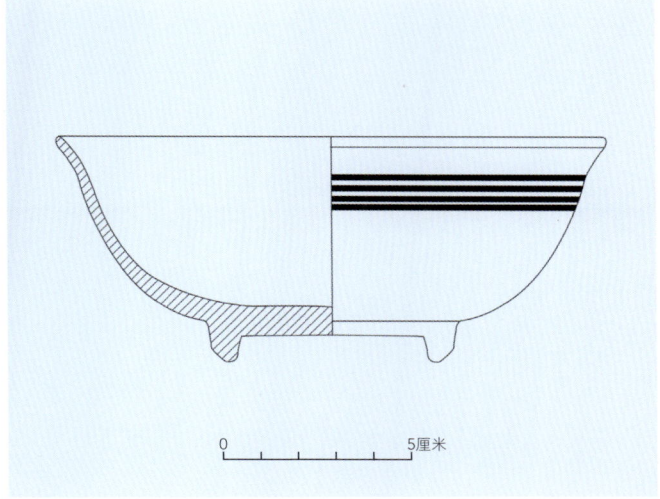

图7-100　青瓷撇口碗（96XB：11）

图7-101　青瓷撇口碗（98XB：91）

图7-102　青瓷撇口碗（97HNB：06430）

图7-103　青瓷撇口碗（97HNB：06468）

图7-104　青瓷撇口碗（97HNB：06475）

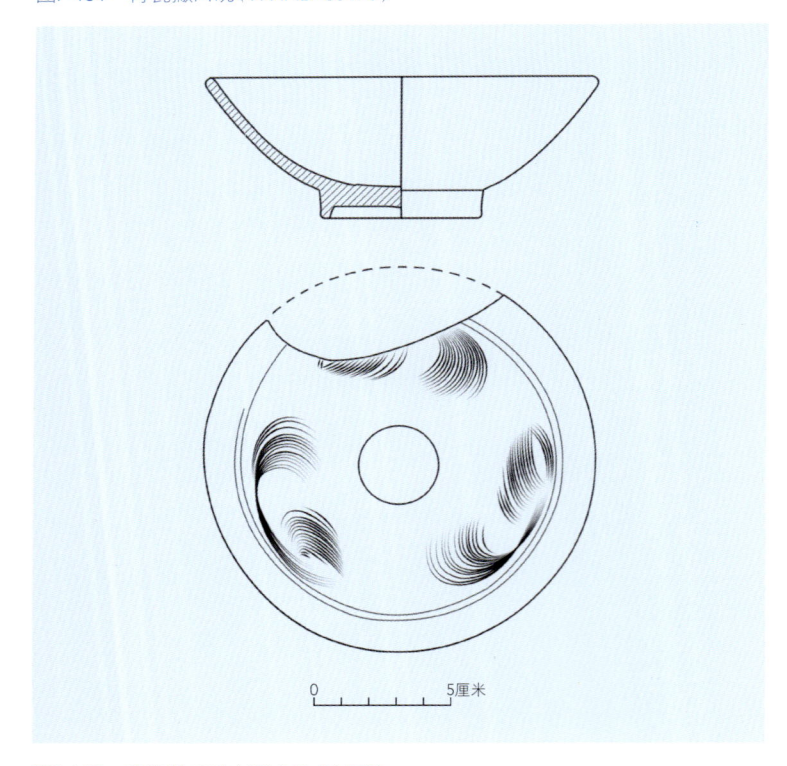

图7-105　青瓷撇口碗（97HNB：06475）

标本97HNB：06468，残小半，所施青釉色稍泛黄。尖圆唇，口外撇，口沿略宽，斜弧壁，圈足。口径12.3、足径5.1、高4.5厘米（图7-103）。

标本97HNB：06475，口沿残，所施青釉色稍泛灰。尖圆唇，口外撇，斜弧壁，圈足，内壁饰刻划篦齿纹。口径16.2、足径6、高6.3厘米（图7-104、图7-105）。

敞口碗。5件。

标本96XS：275，口沿微残，胎色灰白，胎质细密，通体施青釉。尖圆唇，敞口，弧壁，内底较平，小矮圈足，外底挖足较浅。碗外壁施一周暗压仰莲瓣纹。口径16.9、足径4.4、高6.2厘米（图7-106、图7-107）。

标本97HNB：06435，口略残，制作较粗，施青黄釉，器身附着珊瑚石凝结物。圆唇，敞口，近斜直壁，矮圈足。口径20.3、足径9、高6厘米（图7-108）。

标本97HNB：06477，残小半，施青灰釉，釉不及底，器身附少量珊瑚石凝结物。平唇，口外敞，近斜弧腹，圈足。口沿下饰一道弦纹。口径15.8、足径6.3、高5.9厘米（图7-109）。

花口碗。5件。通体施青釉，底部无釉，釉面有冰裂纹，器身附有珊瑚石凝结物。

标本97HNB：06433，口沿残，附着珊瑚石凝结物。圆唇，花口微敛，弧壁，内底较平，小矮圈足，挖足较浅。口径12.8、足径5、高5厘米（图7-110）。

标本97HNB：06685，近残半，附着珊瑚石凝结物。圆唇，花口微侈，弧壁稍深，圈足，近口沿处饰三道凸弦纹。口径4.1、足径6.8、高7.9厘米（图7-111）。

敛口碗。3件。通体施青釉及足，器身

图7-106　青瓷敞口碗（97XS：275）

图7-107　青瓷敞口碗（97XS：275）

图7-108　青瓷敞口碗（97HNB：06435）

图7-109　青瓷敞口碗（97HNB：06477）

图7-110　青瓷花口碗（97HNB：06433）

图7-111　青瓷花口碗（97HNB：06685）

附有珊瑚石凝结物，素面。

标本97HNB：06686，残小半。圆唇，口微敛，弧壁，腹较深，圈足稍高，挖足较浅。口径7.2、足径8.4、高14厘米（图7-112）。

标本97HNB：06337，口沿略残，灰白胎，釉色已稍变色，壁近底处釉层较厚。圆唇，口稍敛，斜弧壁，腹稍浅，矮圈足。口径15.8、足径6.3、高5.9厘米（图7-113、图7-114）。

另有碗圈足底12件。

（3）盘

79件。可分折沿盘、鱼纹盘、浅腹盘三种，另有残盘底33件。

折沿盘。31件。残件较多，内外壁施青釉，釉色略泛灰。有的器身附有少量珊瑚石胶结物。

标本96XB：14，近残大半，器形较矮。圆唇，花口，沿边稍宽且平折，浅弧腹，矮圈足。外壁素面，内底平坦，且施有凹弦纹。口径20.3、足径7.1、高4.2厘米（图7-115、图7-116）。

标本96XB：15，近残半，器形颇大。圆唇，花口，沿边稍宽且平折，弧腹，矮圈足。外壁器身刻划瓜棱纹，内底平坦，且有凹弦纹。口径32.7、足径14.7、高7.1厘米（图7-117、图7-118）。

标本96XB：51，残半，器形较大。圆唇，花口且外敞，折沿稍宽平，近斜弧壁，腹稍浅，矮圈足。内底较平，有同心圈纹。口径26.4、足径11.1、高5.1厘米（图7-119、图7-120）。

标本97HNB：06630，口沿稍残，器身附有较多珊瑚石凝结物。花口，敞口，平折沿较宽，近斜弧壁，矮圈足，内壁刻划花卉纹。口径21.2、足径8.3、高7.6厘米

图7-112　青瓷敛口碗（97HNB：06686）

图7-113　青瓷敛口碗（97HNB：06337）

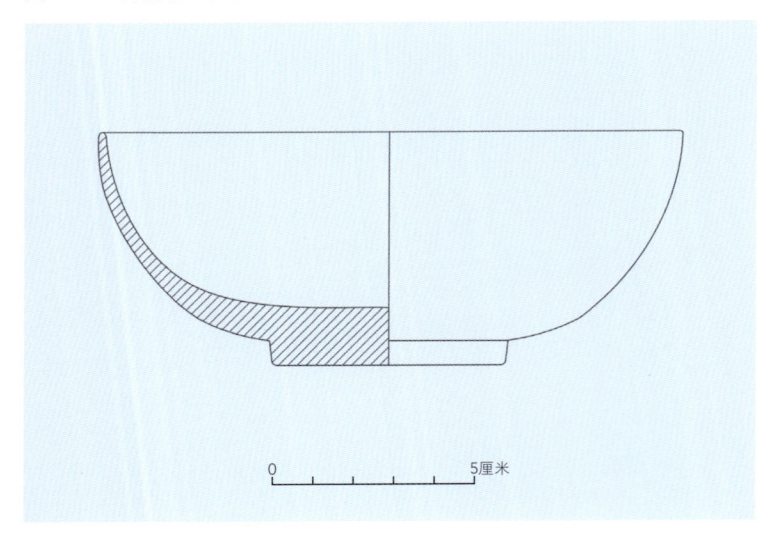

图7-114　青瓷敛口碗（97HNB：06337）

第七章　西沙文化遗物

图7-115　青瓷折沿盘（96XB:14）

图7-116　青瓷折沿盘（96XB:14）

图7-117　青瓷折沿盘（96XB:15）

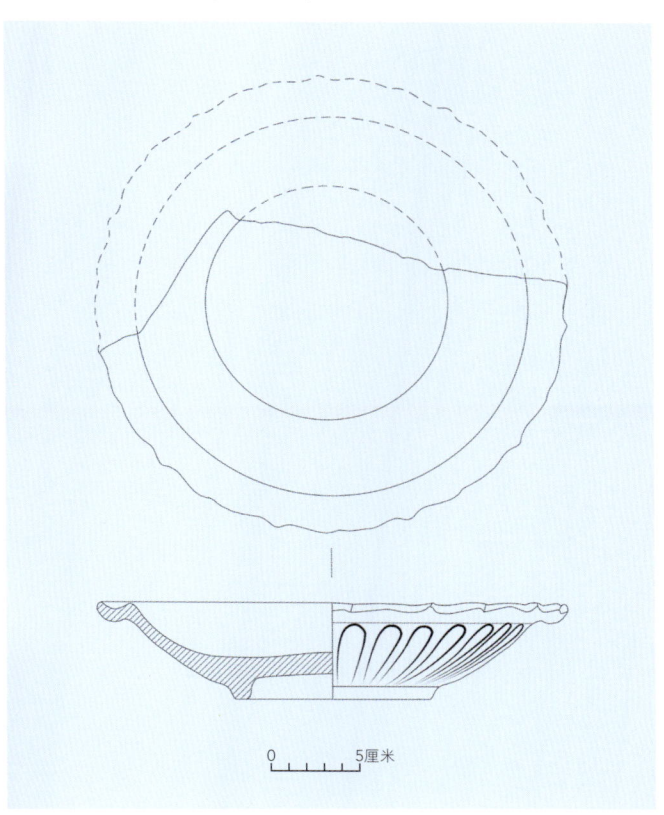

图7-118　青瓷折沿盘（96XB:15）

图7-119　青瓷折沿盘（96XB:51）

图7-120　青瓷折沿盘（96XB:51）

图7-121　青瓷折沿盘（97HNB：06630）

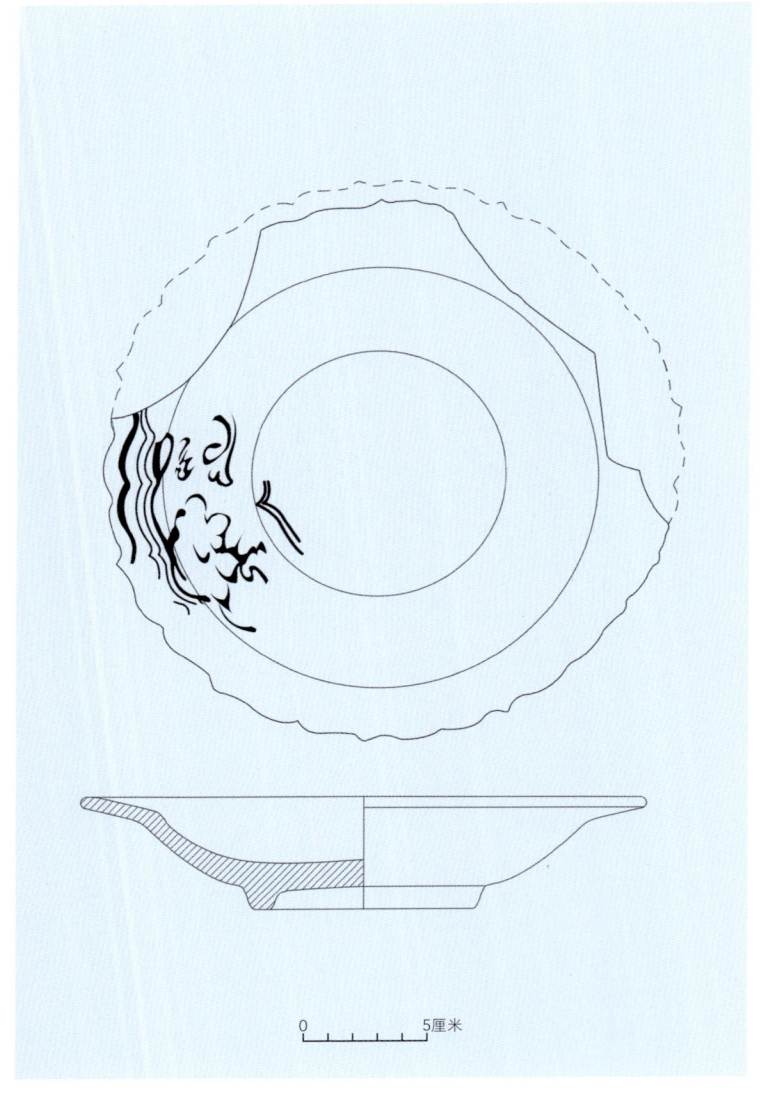

图7-122　青瓷折沿盘（97HNB：06630）

（图7-121、图7-122）。

标本96XB：7，残半，器形颇大。圆唇，广口，折沿宽平，沿边凸起，斜弧壁，矮圈足，足内壁斜削。内壁饰竖向辐条纹，在内底心一道凹弦纹内模印一朵折枝莲花。口径32.7、足径12.3、高7.5厘米（图7-123～图7-125）。

鱼纹盘。5件。均为盘底，器底较厚，胎色灰白，器身施青釉，釉面有冰裂纹。

标本97HNB：06696，残盘，圈足底。盘内平底原模印二条首尾相对的大鲤鱼纹饰，现仅残存一条，稍凸出底面，线条流畅，形象逼真，栩栩如生。残高5.2厘米（图7-126、图7-127）。

标本97HNB：06689，残盘底，圈足。盘内平底模印两条首尾相对的小鲤鱼图案，稍凸出底面，线条流畅，简洁生动。足径8.2厘米（图7-128）。

标本97HNB：06688，残盘底，圈足。内底模印两条首尾相对的小鲤鱼图案，线条流畅。足径8.1厘米（图7-129、图7-130）。

浅腹盘。10件。器形颇大，胎色灰白，器身施青釉，釉面较莹润，带少许珊瑚石胶结物。

标本96XB：2，残小半。圆唇，广口，浅弧壁，内底阔平，圈足颇矮，素面。口径26.4、足径18、高4.8厘米（图7-131、图7-132）。

标本97HNB：20986，残半，器形颇大。近圆唇，广口，口沿稍外翻，浅弧腹，内底阔平，矮圈足。内壁饰一周竖向辐条纹，内底刻划有凹弦纹，其内刻划一朵折枝花卉纹。口径30.4、足径17.2、高4.2厘米（图7-133、图7-134）。

另有盘底残片33件。

第七章　西沙文化遗物

图7-123　青瓷折沿盘（96XB:7）

图7-124　青瓷折沿盘（96XB:7）

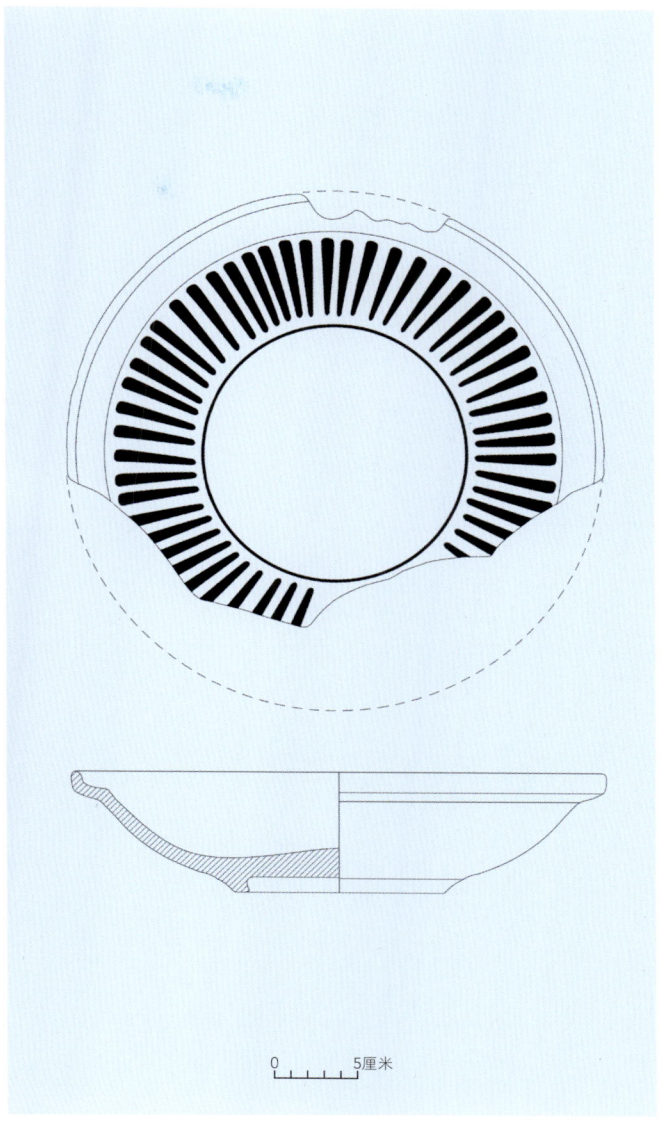

图7-125　青瓷折沿盘（96XB:7）

图7-126　青瓷鱼纹盘残件（97HNB:06696）

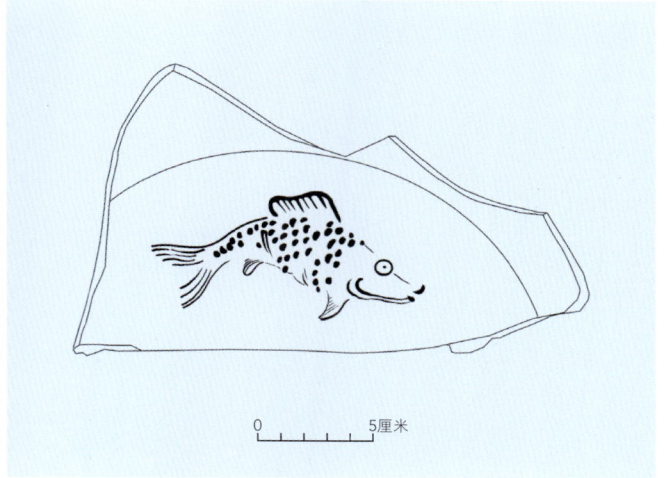

图7-127　青瓷鱼纹盘残件（97HNB:06696）

图7-128　青瓷鱼纹盘残件（97HNB：06689）

图7-129　青瓷鱼纹盘残件（97HNB：06688）

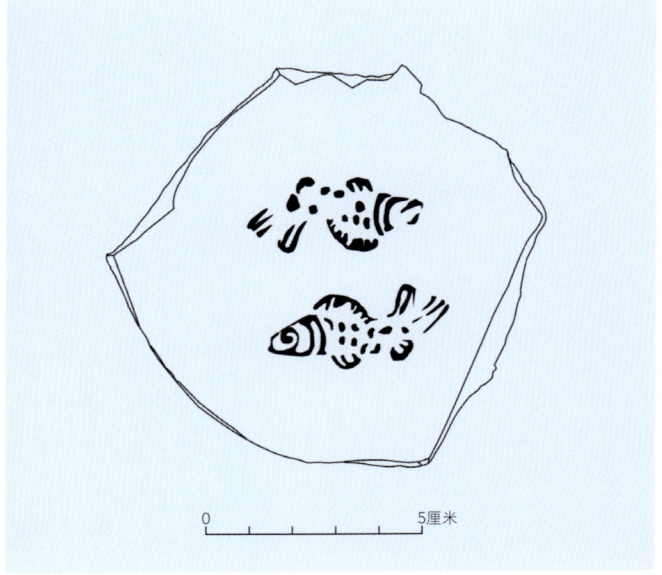

图7-130　青瓷鱼纹盘残件（97HNB：06688）

图7-131　青瓷浅腹盘（96XB：2）

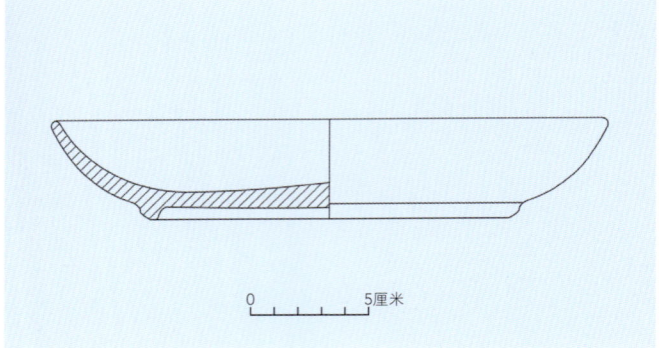

图7-132　青瓷浅腹盘（96XB：2）

第七章　西沙文化遗物

图7-133　青瓷浅腹盘（97HNB：20986）

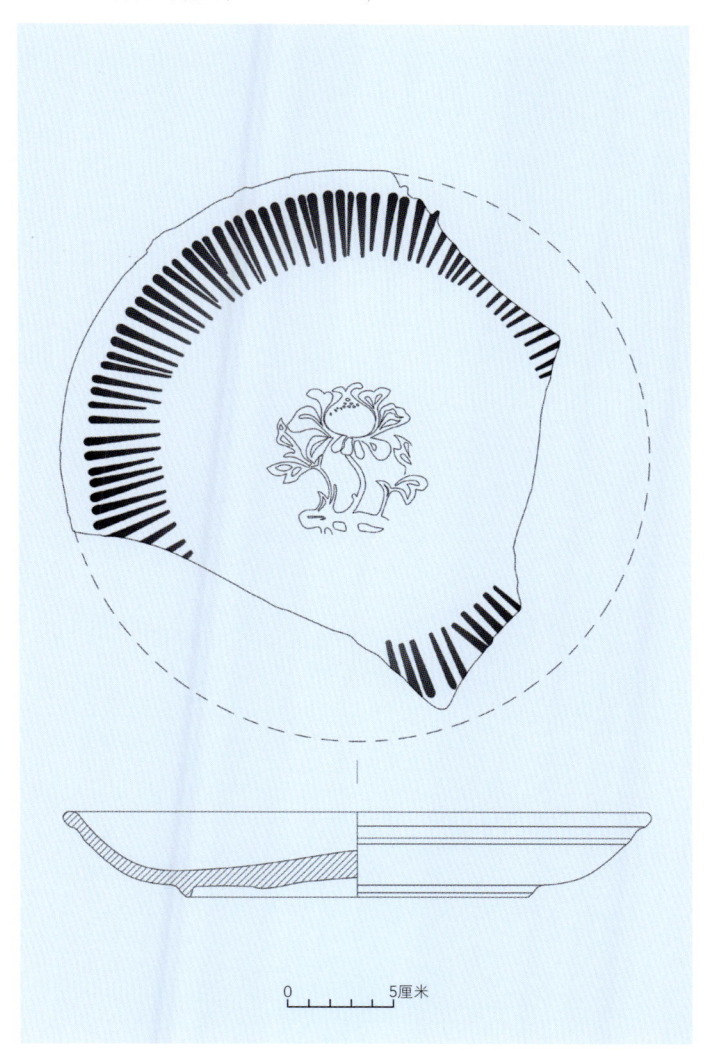

图7-134　青瓷浅腹盘（97HNB：20986）

（4）壶

9件。分为鼓腹壶、折腹壶两种。

鼓腹壶。7件。所施青釉部分脱落变色，执壶表面有明显的接段制作痕迹，器底露胎，胎色灰黄，器身附有珊瑚石胶结物。近平唇，小口略内敛，直颈稍长，溜肩，鼓腹，管状流，宽曲执把，圈足稍外撇，素面。

标本96XB：67，口沿略残，腹部上有一小孔。曲流较紧贴壶颈部，肩、腹部有两道凹弦纹。口径4.5、足径6.4、高11厘米（图7-135）。

标本97HNB：06444，口沿、流皆残。管状流紧贴壶颈部，肩、腹连接处及腹部有弦纹。足径9.7、残高18.7厘米（图7-136）。

标本97XB：238，口沿稍残。细管状流向前斜伸，肩、腹连接处饰一道凹弦纹，腹部有多道凸弦纹。口径5.4、足径6.7、高11.5厘米（图7-137、图7-138）。

折腹壶。2件。灰白胎色，青釉色已有剥落，釉层较薄。

标本97XB：239，口部、流、把皆残，器身上有两小孔。小直口，直流，短颈，斜溜肩，鼓腹折成上下两部分，矮圈足。上腹部有两周弦纹，壶身外壁模印水草纹。残口径4.4、足径6.5、残高7.8厘米（图7-139、图7-140）。

（5）钵

7件。可分鼓腹钵、折腹钵两种。

鼓腹钵。4件。灰白胎，施青灰釉，釉层已有脱落，器身附着珊瑚石胶结物。

标本97HNB：06380，残小半。圆唇，敛口，鼓腹，矮圈足。内底较平，近腹中部附有一对横向小桥耳，素面。口径12、

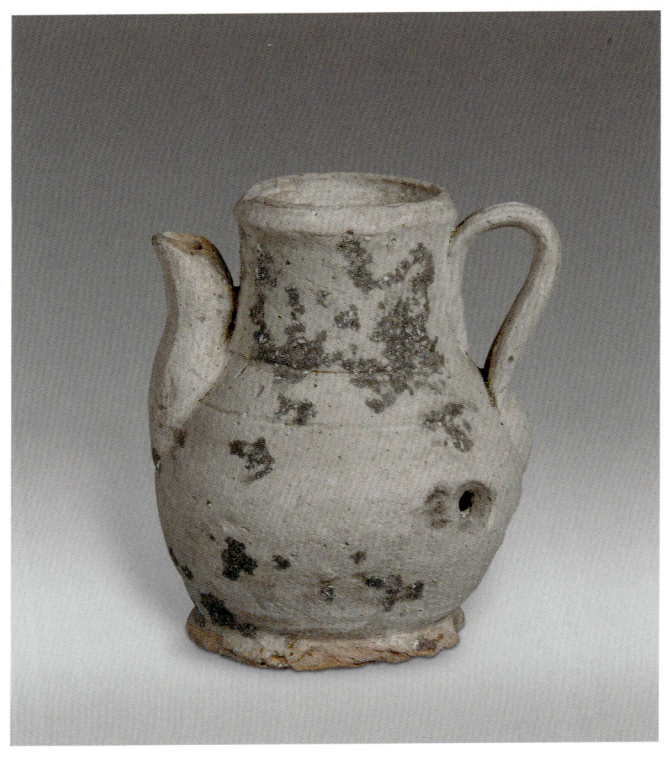

图7-135 青瓷鼓腹壶（97XB:67）

图7-136 青瓷鼓腹壶（97HNB:06444）

图7-137 青瓷鼓腹壶（97XB:238）

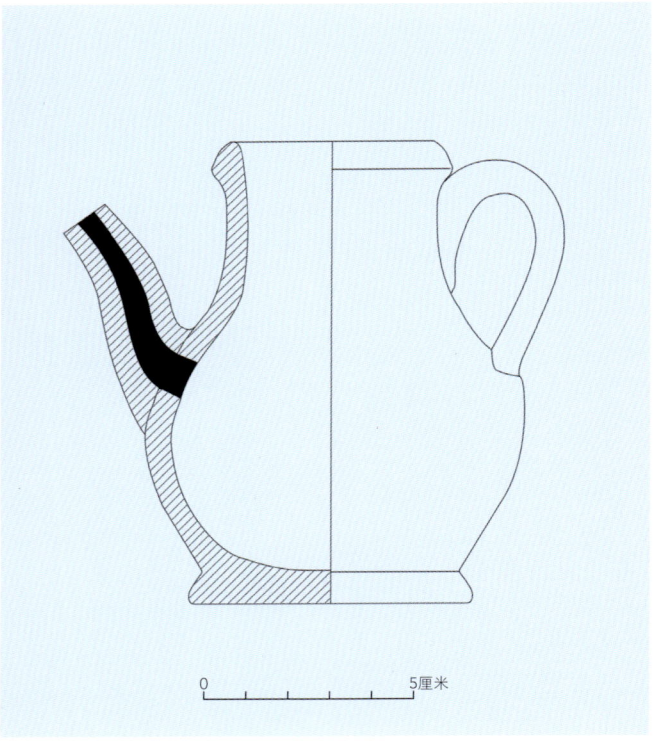

图7-138 青瓷鼓腹壶（97XB:238）

足径5.9、高7.2厘米（图7-141、图7-142）。

标本97XB：243，完整。平唇，近敛口，肩稍溜，鼓腹，最大径偏上部，平底。器身素面。口径7.1、底径4、高4.4厘米（图7-143、图7-144）。

折腹钵。3件。平底，灰白胎，施青黄釉，釉层少有脱落。

标本97XB：56，口微残，器形较小。平唇，近直口，口沿近内束，折腹，平底。近口沿处饰一对短管状小耳。器身刻划数道弦纹。口径7.5、底径3.6、高3.9厘米（图7-145、图7-146）。

图7-139　青瓷折腹壶（97XB：239）

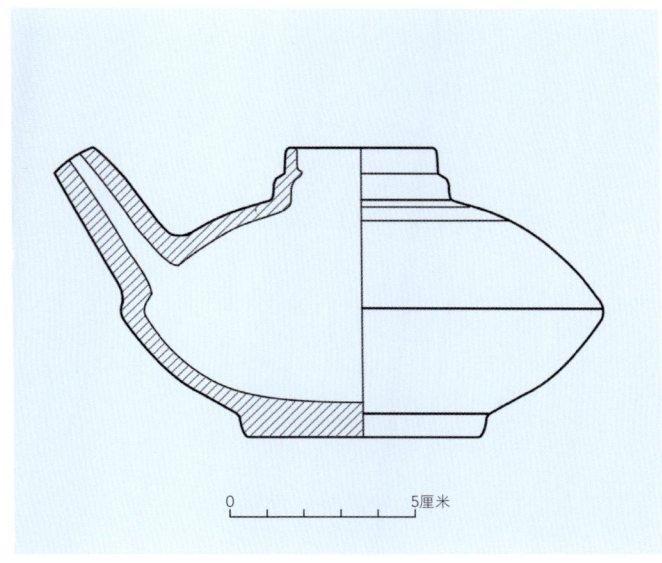

图7-140　青瓷折腹壶（97XB：239）

图7-141　青瓷鼓腹钵（97HNB：06380）

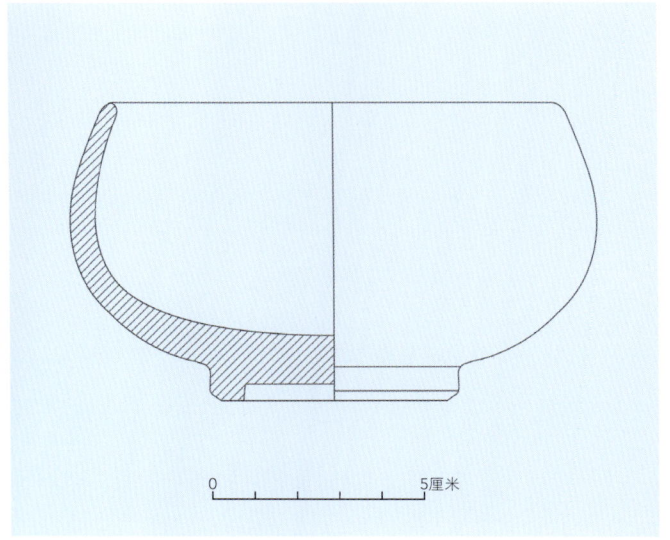

图7-142　青瓷鼓腹钵（97HNB：06380）

图7-143　青瓷鼓腹钵（97XB：243）

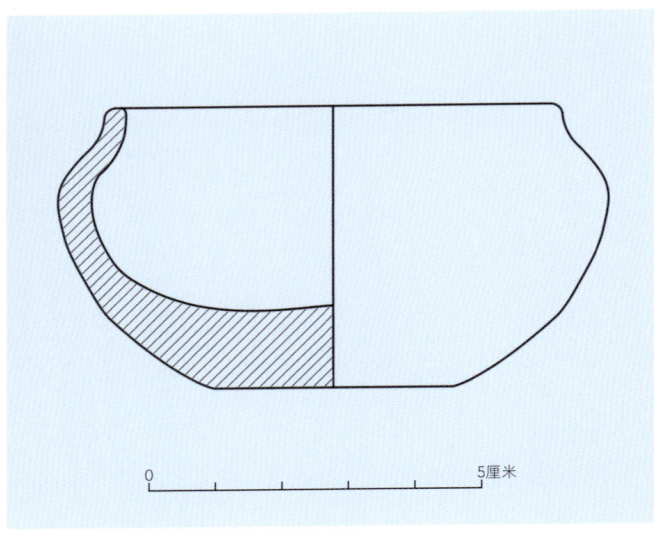

图7-144　青瓷鼓腹钵（97XB：243）

图7-145　青瓷折腹钵（97XB：56）

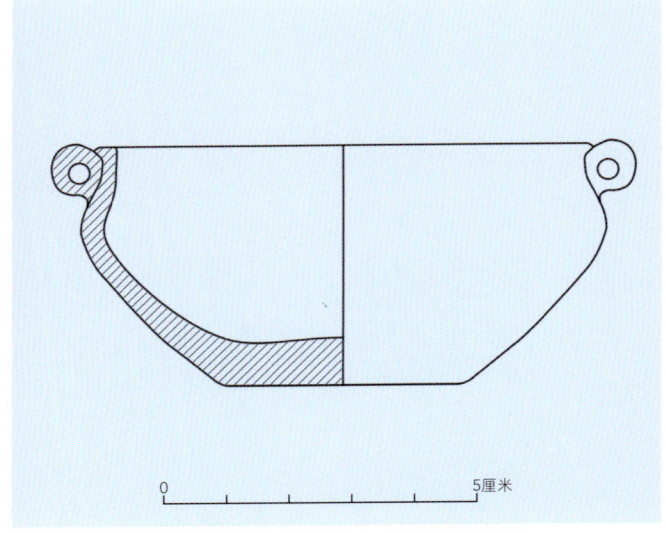

图7-146　青瓷折腹钵（97XB：56）

（6）粉盒

40件。分为盒身和盒盖，平面呈圆形，为子母口。

盒身　20件。可分瓜棱纹、菊瓣纹和素面三种。子口，部分器物施釉较厚，有的出现流釉现象，釉面见有冰裂纹。

瓜棱纹盒身。3件。所施纹饰及底部。

标本97XB：248，器形较小，口沿微残。子口直且稍高，直壁，近底处内折成小平底且略内凹。器身刻划七瓣瓜棱纹。口径4.4、底径3.8、高4.4厘米（图7-147、图7-148）。

菊瓣纹盒身。8件。所施纹饰及底部。

标本97XB：103，口沿稍残。子口直且较高，近斜直壁，往下内折成较大平底。盒身刻划一周菊瓣纹。口径8.7、底径9.4、高7.4厘米（图7-149）。

标本97XB：104，口沿残缺，器形稍矮。子口往上稍斜，直壁，往下内折成平底。盒身刻划一周菊瓣纹。口径9.9、底径6.2、高5.6厘米（图7-150）。

标本97XB：250，口沿略残，器形较矮。子口微敛，近直壁，往下内折成大平底，且略内凹。盒身刻划一周菊瓣纹。口径12.3、底径10.6、高3.7厘米（图7-151、图7-152）。

标本97XB：100，口沿残。子口稍斜，斜弧壁，往下内收成平底，且略上凹。盒身饰一周菊瓣纹。口径8.7、底径6.1、高7.6厘米（图7-153、图7-154）。

图7-147　青瓷瓜棱纹盒身（97XB：248）

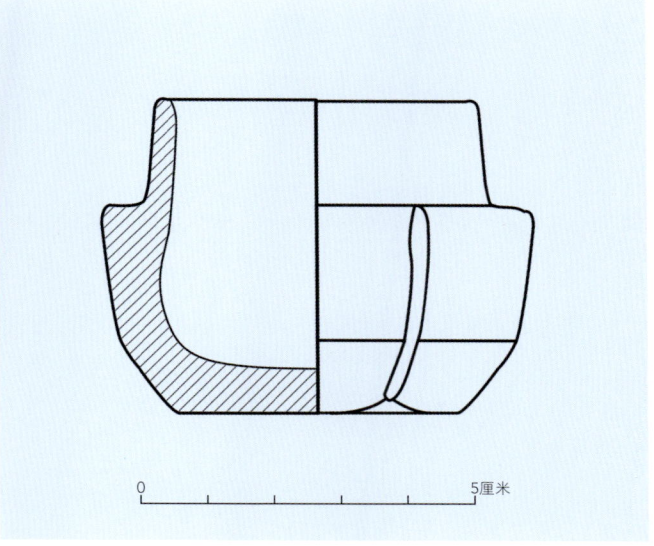

图7-148　青瓷瓜棱纹盒身（97XB：248）

图7-149　青瓷菊瓣纹盒身（97XB：103）

图7-150　青瓷菊瓣纹盒身（97XB：104）

素面盒身。9件。

标本97XB：112，完整，胎色较白，器表施青灰釉及底，附有少许珊瑚石胶结物。近尖唇，子口颇矮，斜弧壁，平底略内凹。口径6.3、底径6、高2厘米（图7-155、图7-156）。

标本97XB：255，完整，胎色较白，器表施青釉及底。子口较矮，弧壁，平底稍内凹。口径7.3、底径6.2、通高3.5厘米（图7-157、图7-158）。

标本97HNB：06411，制作较粗，口沿微残，器形颇矮，胎色灰白，器表施青黄釉已部分脱落。近尖圆唇，子口低矮，斜弧壁，圈足较大且略内凹。口径10.8、底径7.9、高2.3厘米（图7-159）。

标本97XB：249，制作较粗，口沿略残，器形颇小，胎色灰白，器表施青黄釉已部分脱落。圆唇，子口稍高，弧壁，平底内凹。口径4.5、底径4.6、高4.3厘米（图7-160）。

图7-151　青瓷菊瓣纹盒身（97XB：250）

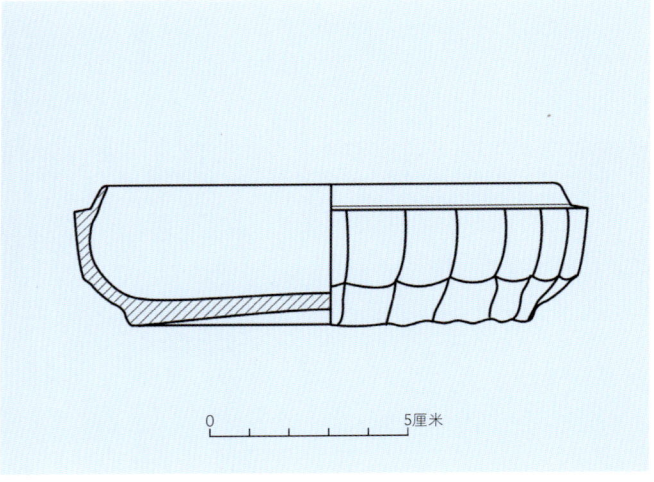

图7-152　青瓷菊瓣纹盒身（97XB：250）

图7-153　青瓷菊瓣纹盒身（97XB：100）

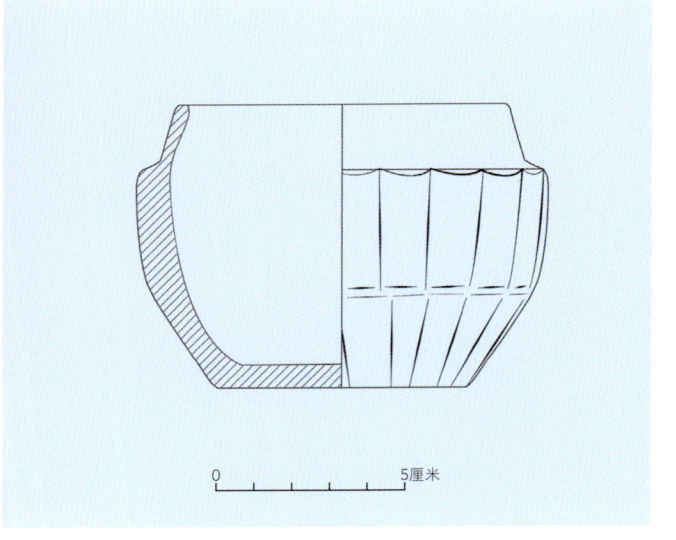

图7-154　青瓷菊瓣纹盒身（97XB：100）

第七章　西沙文化遗物

图7-155　青瓷素面盒身（97XB：112）

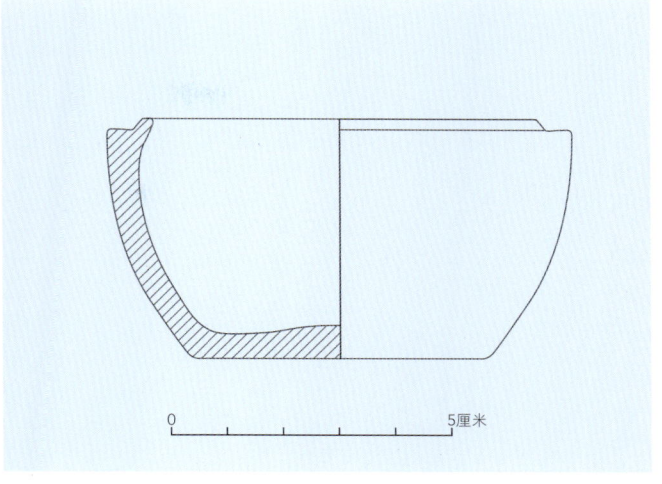

图7-156　青瓷素面盒身（97XB：112）

图7-157　青瓷素面盒身（97XB：255）

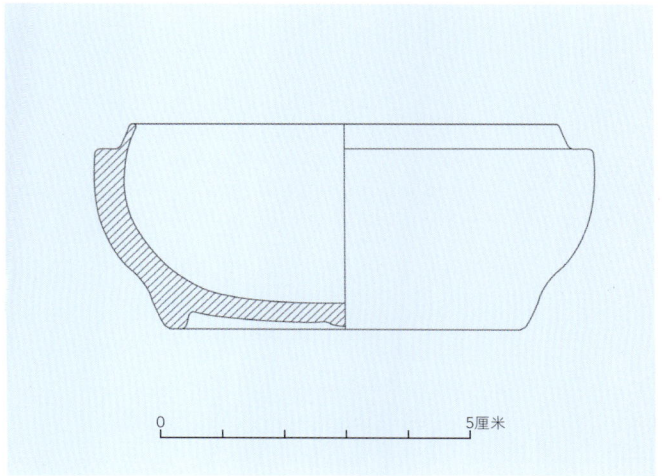

图7-158　青瓷素面盒身（97XB：255）

图7-159　青瓷素面盒身（97HNB：06411）

图7-160　青瓷素面盒身（97XB：249）

标本97XB:95，制作较粗，口沿略残，器表施青灰釉，釉层大都脱落。圆唇，子口略向上斜，直壁往下内折收成平底。口径5.3、底径3.2、高3.8厘米（图7-161）。

盒盖 20件。可分瓜棱纹、菊瓣纹和素面三种。母口，灰白胎，釉色灰青，部分器物施釉较厚，有的出现流釉现象和冰裂纹，器身带有少许珊瑚石胶结物。

瓜棱纹盒盖。8件。

标本97XB:114，完整，器形较小。盖顶平，盖身呈弧形，盖边刻划八道粗瓜棱纹。盖径4.7、高2.9厘米（图7-162）。

标本97XB:258，完整，器形较小。盖顶平，盖身刻划八道粗瓜棱纹。盖径6.6、高2.9厘米（图7-163、图7-164）。

图7-161 青瓷素面盒身（97XB:95）

图7-162 青瓷瓜棱纹盒盖（97XB:114）

图7-163 青瓷瓜棱纹盒盖（97XB:258）

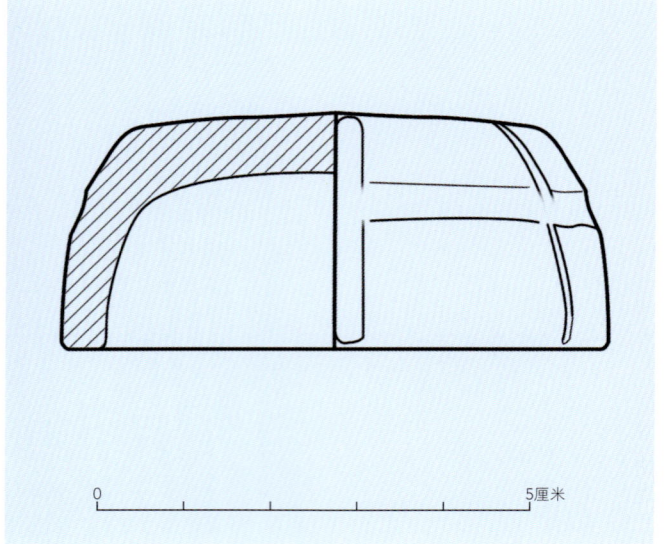

图7-164 青瓷瓜棱纹盒盖（97XB:258）

第七章　西沙文化遗物

标本97XB：110，完整。盖顶平，盖边上部呈弧形，往下近直，盖身刻划八道细瓜棱纹。盖径6.6、高2.3厘米（图7-165）。

标本97XB：116，完整，器形较小。盖顶平整，往下呈弧边，顶中央饰一小圆饼矮纽。盖身刻划六道细瓜棱纹。盖径6.5、高2.9厘米（图7-166、图7-167）。

菊瓣纹盒盖。8件。

标本97HNB：06419，完整。盖顶平，弧盖边，顶部模印折枝牡丹纹，现已漫漶不清，盖边刻划十几道菊瓣纹。盖径7.4、高2.5厘米（图7-168、图7-169）。

标本97HNB：06418，完整。盖顶平，弧盖边刻划二十几道菊瓣纹。盖径9.8、高2厘米（图7-170）。

图7-165　青瓷瓜棱纹盒盖（97XB：110）

图7-166　青瓷瓜棱纹盒盖（97XB：116）

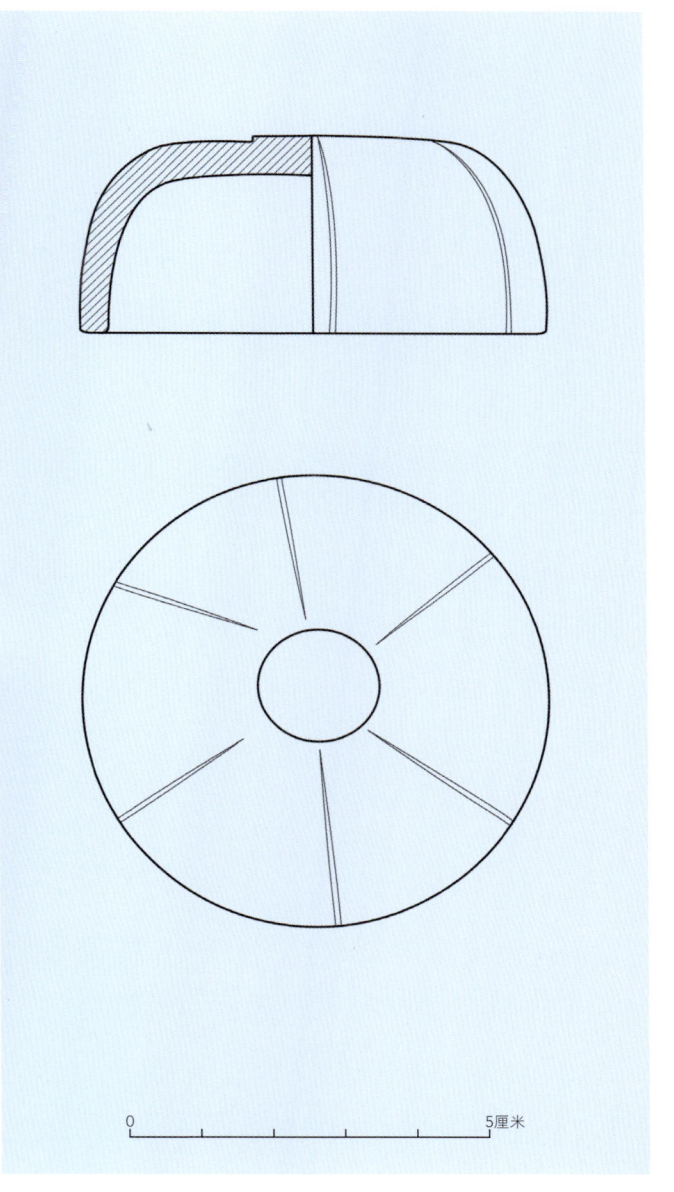

图7-167　青瓷瓜棱纹盒盖（97XB：116）

图7-168　青瓷菊瓣纹盒盖（97HNB：06419）

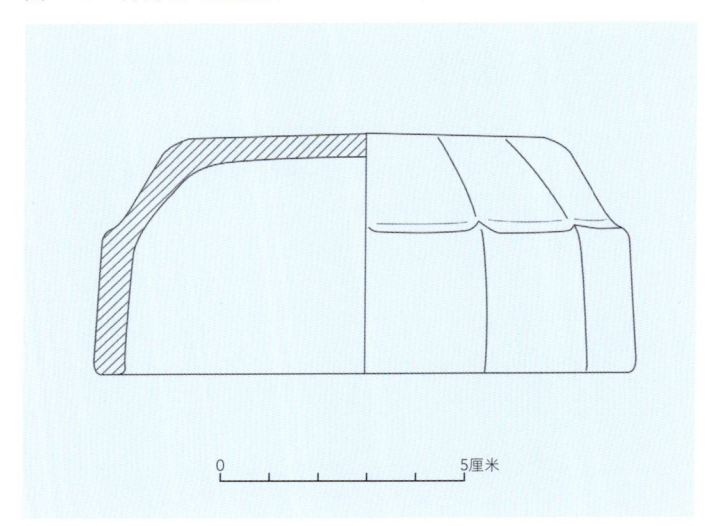

图7-169　青瓷菊瓣纹盒盖（97HNB：06419）

图7-170　青瓷菊瓣纹盒盖（97HNB：06418）

素面盒盖。4件。

标本96XB：82，口沿略残。盖顶平，弧边，素面。盖径10.4、高2.5厘米（图7-171）。

标本96XB：120，完整，器形较小。盖顶平，盖边上部呈弧形，往下近直，盖边有两道凸弦纹。盖径5、高3.3厘米（图7-172、图7-173）。

（7）洗

51件。器形规整，器身内外施青釉且及底，色泽较莹润，器物转折处有"出筋"痕迹。圆唇，敞口，口沿向外平折，浅腹，内底平，矮圈足。外壁暗压一周仰莲瓣纹。

标本98XB：144，施青黄釉，釉面有冰裂纹。内底施一周弦纹，素面。口径13.4、足径4.6、高3.7厘米（图7-174、图7-175）。

标本98XB：91，施青釉，器身带珊瑚石胶结物。内底仅施一周弦纹，素面。口径12.4、足径5.6、高3.3厘米（图7-176、图7-177）。

标本98XB：281，施青灰釉，釉面有冰裂纹，在内底心的一周弦纹内模贴两条头尾相颠倒的鲤鱼纹饰。口径12.2、足径5.2、高3.5厘米（图7-178～图7-180）。

（8）盆

9件。灰白胎，施青黄釉或青灰釉及底，器身附有珊瑚石凝结物。

标本96XBIV：5，近残半，施青黄釉。圆唇，卷沿，花口，近斜直壁，大平底且稍内凹，素面。口径22.4、底径12.8、高5.7厘米（图7-181）。

标本97HNB：20997，为盆下半身及底部残件，已脱釉变成灰白色，口沿形制不清。斜直壁，平底，内底模印花卉纹。底径18.6、残高4.9厘米（图7-182）。

图7-171　青瓷素面盒盖（97XB：82）

图7-172　青瓷素面盒盖（97XB：120）

图7-173　青瓷素面盒盖（97XB：120）

图7-174　青瓷洗（98XB：144）

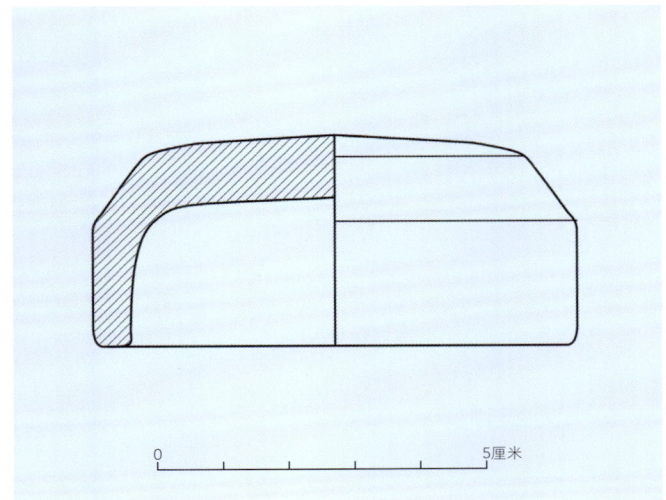

图7-175　青瓷洗（98XB：144）

图7-176 青瓷洗（98XB:91）

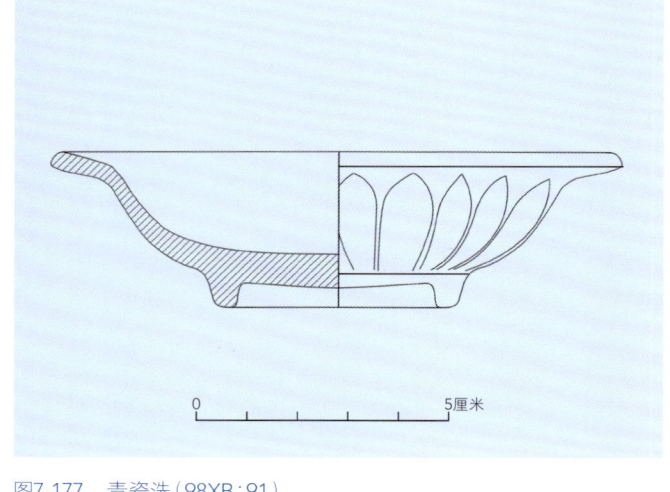

图7-177 青瓷洗（98XB:91）

图7-178 青瓷洗（98XB:281）

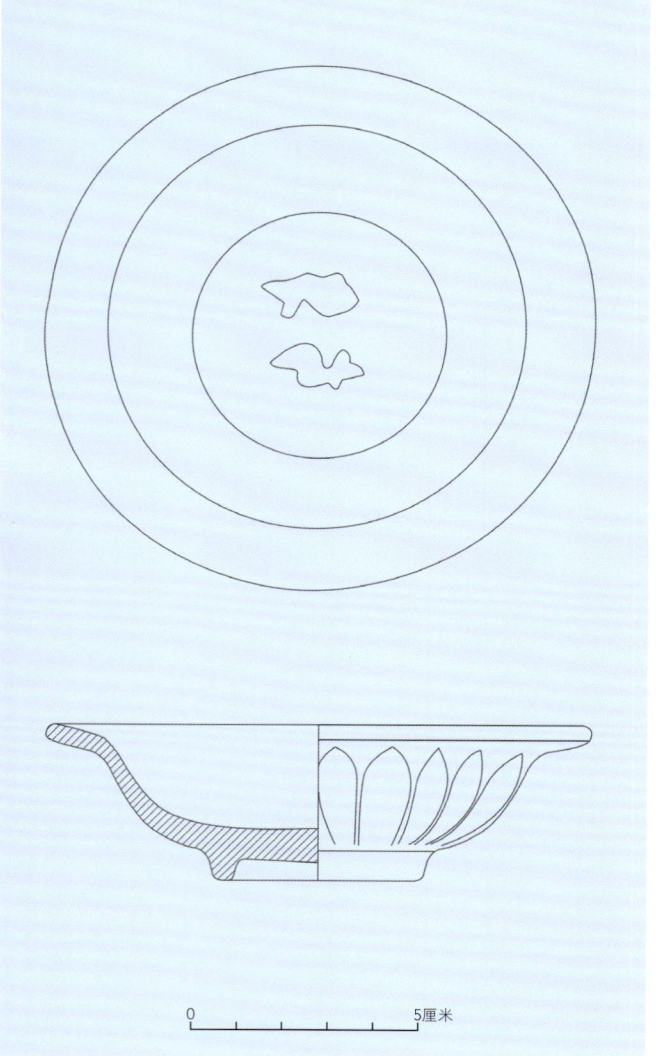

图7-179 青瓷洗（98XB:281）

图7-180 青瓷洗（98XB:281）

第七章　西沙文化遗物

标本97HNB：06437，口沿已残，施青灰釉。圆唇，卷沿，广口，斜直壁稍深，大平底，素面。口径19.4、底径12.8、高6.9厘米（图7-183、图7-184）。

标本97HNB：03544，盆残件。圆唇，卷沿，广口，近斜直壁且较深，大平底，素面。内壁有轮制的弦纹痕。底径12.7、高7厘米。

（9）瓮

5件。为瓮上半部残件，施青釉，现釉色显得斑驳，器身上皆附着少量珊瑚石胶结物。器壁较厚，器形颇大，素面。

标本96XBI：4，厚圆唇，卷沿，近直口，颈颇短，广肩。肩部饰有一道凹弦纹，原有两对横桥状耳，现残存二耳。在肩部刻"□□香"字款。口径12.5、残高7.5厘米（图7-185）。

图7-181　青瓷花口盆（96XBIV：5）

图7-182　青瓷盆残件（97HNB：20997）

图7-183　青瓷盆（97HNB：06437）

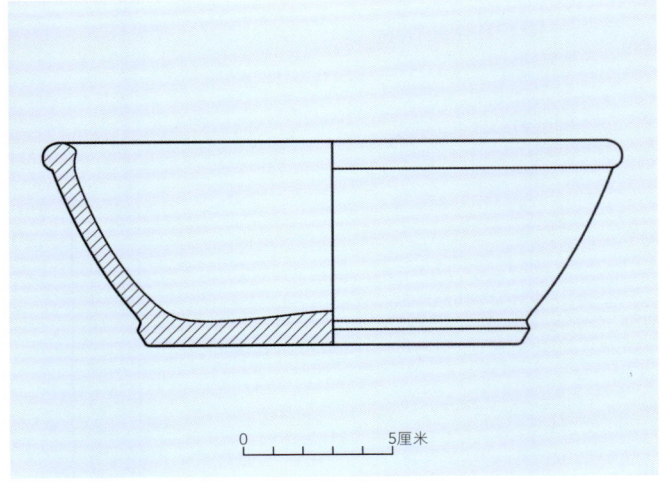

图7-184　青瓷盆（97HNB：06437）

图7-185 青瓷瓮（96XBI:4）

图7-186 青瓷瓮残件（96XBI:1）

图7-187 青瓷瓮残件（96XBI:2）

图7-188 青瓷小瓶（96XSUW:采1）

标本96XBI:1，厚圆唇，卷沿，大直口，短颈略下斜，广肩。肩部刻有凹弦纹，原有一对横桥状耳，现残存一耳。口径20.5、残高11厘米（图7-186）。

标本96XBI:2，厚圆唇，卷沿，小直口，颈较短，广肩。肩部饰多道凹弦纹，原有两对横桥状耳，现残存二耳。口径12、残高13.5厘米（图7-187）。

（10）瓶

7件。施青釉，器表釉层已有部分脱落。

标本96XSUW:采1，口沿稍残，施釉及底。圆唇，近小盘口，长颈且呈亚腰形，鼓肩，斜弧腹，小圈足。颈部饰多道弦纹，器身附着珊瑚石胶结物。口径4.8、足径4.2、高12厘米（图7-188）。

标本98XSHWI:0575，口和颈部已残损，施釉未及足底。长颈稍粗，鼓腹下垂，饼足露胎且略内凹。腹中部饰凹弦纹，原所饰的花草纹釉下褐彩也漫漶不清。足径5.1、残高11.5厘（图7-189）。

标本97HNB：06373，器形较小，底部未施釉。圆唇，小口，颈很短，长斜溜肩，近弧腹，圈足。口径2.3、足径4、高7厘米（图7-190）。

（11）小碟

19件。分带沿和敞口两种。

带沿碟。11件。灰色胎，通体施青釉，素面，有的器身附少许珊瑚石凝结物。

标本97XB：73，碟心釉层已剥落。圆唇，撇口，口沿稍宽且外伸，浅弧壁，矮圈足，挖足较浅，底心微凸。口径11.6、足径5.6、高2.8厘米（图7-191）。

标本97XB：74，口沿稍残。圆唇，窄口沿外撇，浅弧壁，矮圈足，挖足较浅，底心微凸。口径14.1、足径5.6、高3.5厘米（图7-192）。

标本97XB：277，圆唇，口沿外撇，浅弧壁，矮圈足，碟内底有一涩圈，施有一周弦纹。口径13.5、足径5.1、高3.2厘米（图7-193）。

标本97HNB：06369，器身附着较多珊瑚石凝结物。圆唇，口沿外撇，近浅直壁，矮圈足，碟内底有一涩圈，施有一周弦纹。口径13.7、足径5.2、高3.3厘米（图7-194）。

标本97HNB：06490，残小半。圆唇，口沿外撇，近浅直壁，矮圈足。口径10.6、

图7-189　青瓷小瓶（98XSHWI：0575）　　　　图7-190　青瓷小瓶（97HNB：06373）

足径5.2、高2厘米（图7-195）。

敞口碟。8件。内外壁皆施青釉及底，素面，有的器身附着少许珊瑚石凝结物。

标本97XB：75，内壁近底部无釉。圆唇，敞口，近斜直壁，平底。口径12.2、底径5.9、高3.4厘米（图7-196）。

标本97XB：76，近残小半。圆唇，敞口微敛，弧壁，矮圈足，挖足较浅，足底微凸。口径11.5、足径6.6、高2.9厘米（图7-197）。

标本97XB：123，口沿微残。圆唇，敞口，斜直壁，平底，外壁中部有一周凸弦纹。口径11.5、底径7.4、高3.6厘米（图7-198）。

标本97XB：278，口沿稍残。圆唇，敞口较大，近斜直壁，矮圈足。口径16.6、足径8.5、高3.7厘米（图7-199）。

标本97HNB：03932，圆唇，敞口，斜直腹且略内凹，平底稍外凸。口径10.6、底径5、高2.4厘米（图7-200）。

图7-191　青瓷带沿小碟（97XB：73）

图7-192　青瓷带沿小碟（97XB：74）

图7-193　青瓷带沿小碟（97XB：277）

图7-194　青瓷带沿小碟（97HNB：06369）

第七章　西沙文化遗物

图7-195　青瓷带沿小碟（97HNB：06490）

图7-196　青瓷敞口小碟（97XB：75）

图7-197　青瓷敞口小碟（97XB：76）

图7-198　青瓷敞口小碟（97XB：123）

图7-199　青瓷敞口小碟（97XB：278）

图7-200　青瓷敞口小碟（97HNB：03932）

（12）小杯

6件。器形较小，内外壁皆施青釉，圈足稍矮。

标本97XB：65，口沿略残，器壁稍厚，所施釉色大都已脱落。圆唇，口微敛，斜弧壁，矮圈足，素面。口径7.8、足径3.6、高4厘米（图7-201）。

标本97XB：284，口沿微残，施青釉不及底。圆唇，口微敛，斜弧腹，矮圈足。素面。口径7.1、足径3.9、高3.3厘米（图7-202）。

（13）小盂

3件。器形颇小，通体施青釉不及底，釉层多有剥落。

标本97XB：59，口沿略残。近小平口，唇稍卷，鼓肩，近球腹，圈足稍矮，器身素面。口径4.2、足径5.3、高5.6厘米（图7-203）。

（14）汤匙

3件。匙身通体施青灰釉，素面。

标本96XJ：14，柄已残。匙口近呈椭圆形，长柄内凹，斜直往上外伸，柄断面呈半月弧形。残长9.2、底宽2.8厘米（图7-204）。

图7-201　青瓷小杯（97XB：65）

图7-202　青瓷小杯（97XB：284）

图7-203　青瓷小盂（97XB：59）

图7-204　青瓷匙（96XJ：14）

（15）器盖

15件。分带纽盖和无纽盖两种。

带纽盖。5件。器形完整，带桥状纽或饼状纽。

标本97XB：267，器体较大，施青釉，釉色几乎已脱落殆尽。器盖近似一盔帽形，母口，盖面弧圆隆起，下带一宽平边沿，盖顶中央饰一小桥状纽。盖面上施有凹弦纹。盖径16.7、通高5.3厘米（图7-205）。

标本97XB：270，施青灰釉。母口，圆盖面稍浅弧，往下带一垂直边沿，盖顶中央饰一饼状纽。盖面上施有弦纹。盖径11.5、通高3.7厘米（图7-206）。

标本97XB：79，盖边略残。盖面中部稍弧隆起，宽平边沿略上翘，带有一大子口，该顶饰有一小桥状纽，素面。盖径12.7、高3.5厘米（图7-207）。

无纽盖。10件。器形完整，施青釉，釉色已有部分脱落。

标本97XB：386，器盖上附有少量珊瑚石凝结物。近呈一倒扣小盆形，母口，盖顶平，且向四周斜直下，盖边沿平折，素面。盖径8.4、高2.4厘米（图7-208）。

图7-205　青瓷器盖（97XB：267）

图7-206　青瓷器盖（97XB：270）

图7-207　青瓷器盖（97XB：79）

图7-208　青瓷器盖（97XB：386）

3. 青花瓷器

在西沙文物普查采集、征集及出水的遗物中，以青花瓷数量居多，除仅有少量完整器外，绝大部分都为瓷器残件。其质地一般多为灰白胎，少量为白胎或灰胎。器体内外壁皆施透明釉，一般都及底，仅少量不及底。器表釉层厚薄有别，少量釉厚的有冰裂纹。绘画的青花色调一般呈微蓝，另有少量深蓝、灰蓝等，色泽不是很浓艳。青花器形主要有罐、碗、盘、碟、杯、盒、盅、器盖等，其中以碗的数量为多，次为盘、碟，其他器形则较少。青花纹样较为简单粗放，大致可分为花卉、植物、动物、山水、人物等几类，另在有的器物底足部绘有字款、花押款或押章等。青花瓷器时代是以明、清两代居多，元代甚少。

（1）罐

8件。皆为罐残件，器形一般较小。

标本97HNB：06318，罐上半身残缺，灰白胎。弧腹，矮圈足。内底不挂釉，外壁绘青花花卉纹，圈足外壁有弦纹。底径3.6、残高3厘米（图7-209）。

图7-209 青花罐（97HNB：06318）

图7-210 青花瓜棱小罐（97HNB：06364）

标本97HNB：06364，瓜棱小罐上半身残缺。弧腹，矮圈足，饰瓜棱纹绘青花花卉纹，圈足外壁有弦纹。底径4、残高3.2厘米（图7-210）。

标本97HNB：06365，罐残件。弧腹，圈足颇矮。腹部饰青花缠枝花卉纹，圈足上有弦纹。底径3.5、残高5厘米（图7-211）。

标本97HNB：06625，罐腹部残件，器形较大，器表附有珊瑚石凝结物。圆唇，直口，短领，溜肩，鼓腹，肩部饰一竖桥状耳。腹部所绘青花纹样漫漶不清。口径10.4、残高13厘米（图7-212）。

标本97HNB：06836，小罐已残半。近内敛口，丰肩，鼓腹，圜底。口沿下绘青花弦纹，腹部饰花卉纹。残高4.9厘米（图7-213）。

（2）碗

322件。质地一般为白胎或灰白胎，施釉略泛青，一般及底，厚薄有别，青花色呈微蓝或灰蓝，有的釉层带冰裂纹。其中，有82件青花碗的器形可分为敞口、撇口、深腹和广口四种，另有240件带字款、押章、花押的碗残圈足底。从时代上来看，明代江西景德镇窑产的青花碗约居三分之一，清代福建德化窑烧造的产品居三分之二多。

敞口碗。28件。

标本96XZS：1，残小半。圆唇，近斜腹，圈足较大。近内壁口沿下饰一圈青花弦纹，外壁绘青花三圈同心圆环。口径13.8、足径6.5、高4.9厘米（图7-214）。

标本97XB：168，口沿稍残。圆唇，近斜弧腹，圈足。碗内壁口沿下有一圈青花弦纹，外壁绘青花"喜"字和水草纹，碗心双圈弦纹内绘一青花"玉"字。口径11.5、足径4.3、高5.1厘米（图7-215、图7-216）。

标本97XB：170，口沿微残。圆唇，近斜弧腹，圈足。碗内外壁口沿下各有一圈

图7-211 青花罐（97HNB：06365）

图7-212 青花罐残件（97HNB：06625）

图7-213 青花罐（97HNB：06836）

图7-214 青花敞口碗（96XZS：1）

青花弦纹，底心青花单圈弦纹内绘一"光"字，外壁绘青花飞龙纹。口径13.7、足径5.2、高5.5厘米（图7-217、图7-218）。

标本97XB：171，口沿稍残。圆唇，近斜腹，圈足。碗内外壁口沿处各有一道青花粗弦纹，碗外壁饰青花菊瓣纹，内底有一涩圈，足部附有珊瑚石凝结物。口径13.6、足径6.8、高5.3厘米（图7-219）。

标本97XB：174，近残小半。尖圆唇，口稍敞，斜弧腹，圈足较矮。碗内外壁口沿下各饰有青花弦纹，底心青花双圈弦纹内绘牡丹纹，外壁口沿边弦纹下绘青花半垂莲瓣纹，腹部绘青花团花花卉纹，内底有青花"万福攸同"字款。口径11.6、足径4.9、高5.6厘米（图7-220、图7-221）。

标本97XB：193，近残小半。尖圆唇，敞口，近斜弧腹，矮圈足。碗内外壁口

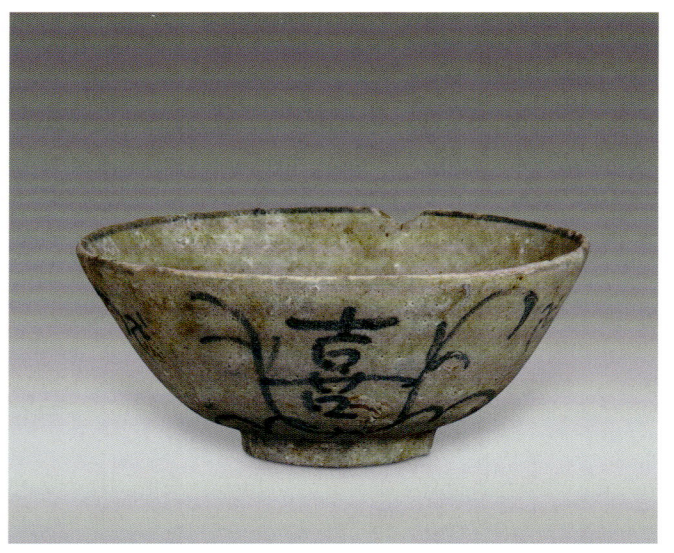

图7-215　青花敞口碗（97XB：168）

图7-216　青花敞口碗（97XB：168）

图7-217　青花敞口碗（97XB：170）

图7-218　青花敞口碗（97XB：170）

沿处各绘双圈青花弦纹，底心双圈弦纹内绘青花折枝桃纹，外壁绘青花喜鹊报春图案，圈足外壁有一道青花弦纹。口径10.3、足径3.9、高4.9厘米（图7-222、图7-223）。

标本97XBⅢ：2，残半。敞口，弧腹，圈足。外壁绘青花兰草纹。口径14.8、足径7.4、高5.5厘米（图7-224）。

标本97HNB：03313，残小半。敞口，弧腹，圈足。外壁口沿下绘两圈青花弦纹，碗外壁绘青花鸾凤纹，足底内有一青花花押章。口径13.1、足径5.8、高5.2厘米（图7-225）。

标本97HNB：06335，口沿残，器物内外都附着少量珊瑚石凝结物。敞口，弧腹，圈足。近外壁口沿下有一道青花弦纹，碗外壁绘青花"囍"字及勾云纹，圈足上绘二道青花弦纹。口径11.8、足径5、高5.6厘米（图7-226）。

标本97HNB：06352，近残小半。圆唇，敞口，斜直腹，大圈足。口沿外壁下有一道青花弦纹，碗外壁饰青花草叶纹，圈足上绘一道青花弦纹。口径12.2、足径6.5、高4.5厘米（图7-227）。

撇口碗。16件。

标本97XB：173，完整。圆唇，口外撇，弧腹，圈足。口沿外壁下饰一圈青花弦纹，底心青花双圈弦纹内绘花卉纹，外壁绘青花折枝花卉纹。口径15.1、足径5.7、高6.1厘米（图7-228、图7-229）。

标本97HNB：06602，残大半。口稍外撇，弧腹，圈足略高。外壁口沿下饰一道青花弦纹，外壁又绘一副对联——"水向石中流出冷，风从花里过来香"，圈足上有一道青花弦纹。口径11.8、足径8、高6.3厘米（图7-230）。

图7-219　青花敞口碗（97XB：171）

图7-220　青花敞口碗（97XB：174）

图7-221　青花敞口碗（97XB：174）

图7-222　青花敞口碗（97XB：193）

图7-223　青花敞口碗（97XB：193）

图7-224　青花敞口碗（97XBⅢ：2）

图7-225　青花敞口碗（97HNB：03313）

图7-226　青花敞口碗（97HNB：06335）

图7-227　青花敞口碗（97HNB：06352）

第七章 西沙文化遗物

图7-228 青花撇口碗（97XB：173）

图7-229 青花撇口碗（97XB：173）

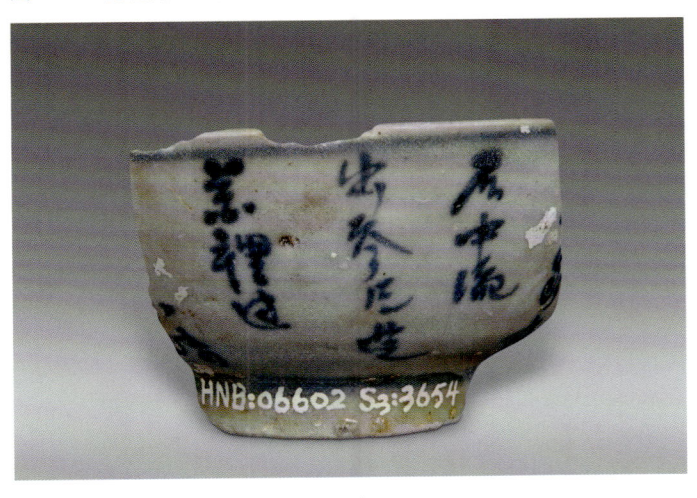

图7-230 青花撇口碗（97HNB：06602）

标本97HNB：06353，近残半。撇口，卷沿，近斜直腹，圈足。口沿外壁下施有一周青花圈，内底较平，绘青花六开光螺旋纹，外壁饰青花八开光灵芝纹。口径12.2、足径5.8、高6.1厘米（图7-231、图7-232）。

标本97HNB：20993，残小半，器身带有少量珊瑚石凝结物。口沿稍撇，近斜直腹，圈足稍大。口沿外壁下有一道青花圈，内底较平，绘青花六开光螺旋纹和灵芝纹，外壁饰青花八开光灵芝纹，足底内绘一青花"冷泉"字款。口径16、足径7.8、高6.9厘米（图7-233）。

标本97XB：306，口沿稍残。圆唇，口沿外撇，弧腹，圈足。外壁饰青花花卉纹，圈足上施一道青花弦纹。口径12.6、足径6.2、高5.7厘米（图7-234）。

深腹碗。32件。

标本97XB：190，口沿略残。尖圆唇，敞口，弧腹略深，圈足。近口沿内外壁各有一周青花弦纹，底心青花双圈弦纹内绘折枝桃纹，外壁绘青花山水和花卉纹。圈足上有一道青花弦纹，足底内有一青花押章。口径13.5、足径5.1、高6.3厘米（图7-235～图7-238）。

标本97XB：191，口沿残。尖圆唇，敞口，弧腹稍深，圈足。近口沿内外壁绘青花双圈弦纹，碗心青花双圈弦纹内饰团花纹，外壁饰青花折枝花卉、水草纹。圈足上饰双道青花弦纹，足底内有一青花押章。口径13.1、足径5、高6.5厘米（图7-239、图7-240）。

标本97XB：199，口沿残。敞口，弧腹稍深，圈足。近口沿内外壁各绘一道青花弦纹，底心青花双圈弦纹内绘十字形卷云纹，外壁绘青花折枝菊花纹。圈足上饰双道青花弦纹，足底内有一青花押章。口径13.1、足径5、高6.5厘米（图7-241、图7-242）。

标本97XB：200，口沿残。圆唇，敞口，弧腹，圈足。近口沿内外壁各绘一道青花弦纹，内底青花双圈弦纹内饰十字形卷云纹，外壁绘青花折枝菊花纹。圈足上有双道青花弦纹，足底内有"大明年造"青花年款。口径12.7、足径4.9、高6.1厘米（图7-243、图7-244）。

标本97XB：206，近残半。圆唇，敞口，弧腹稍深，圈足。口沿内外壁下各施二道青花弦纹，内底青花双圈弦纹内绘折枝桃纹，外壁饰青花缠枝莲花纹。圈足上有二道青花弦纹，足底内有"万福攸同"青花字款。口径14.5，底径6.2，通高6.9厘米（图7-245、图7-246）。

标本97XB：217，完整，两件形制相同的碗套叠在一起。圆唇，敞口，近斜弧

图7-231　青花撇口碗（97HNB：06353）

图7-232　青花撇口碗（97HNB：06353）

图7-233　青花撇口碗（97HNB：20993）

图7-234　青花撇口碗（97XB：306）

第七章　西沙文化遗物

图7-235　青花深腹碗（97XB：190）

图7-236　青花深腹碗（97XB：190）

图7-237　青花深腹碗（97XB：190）

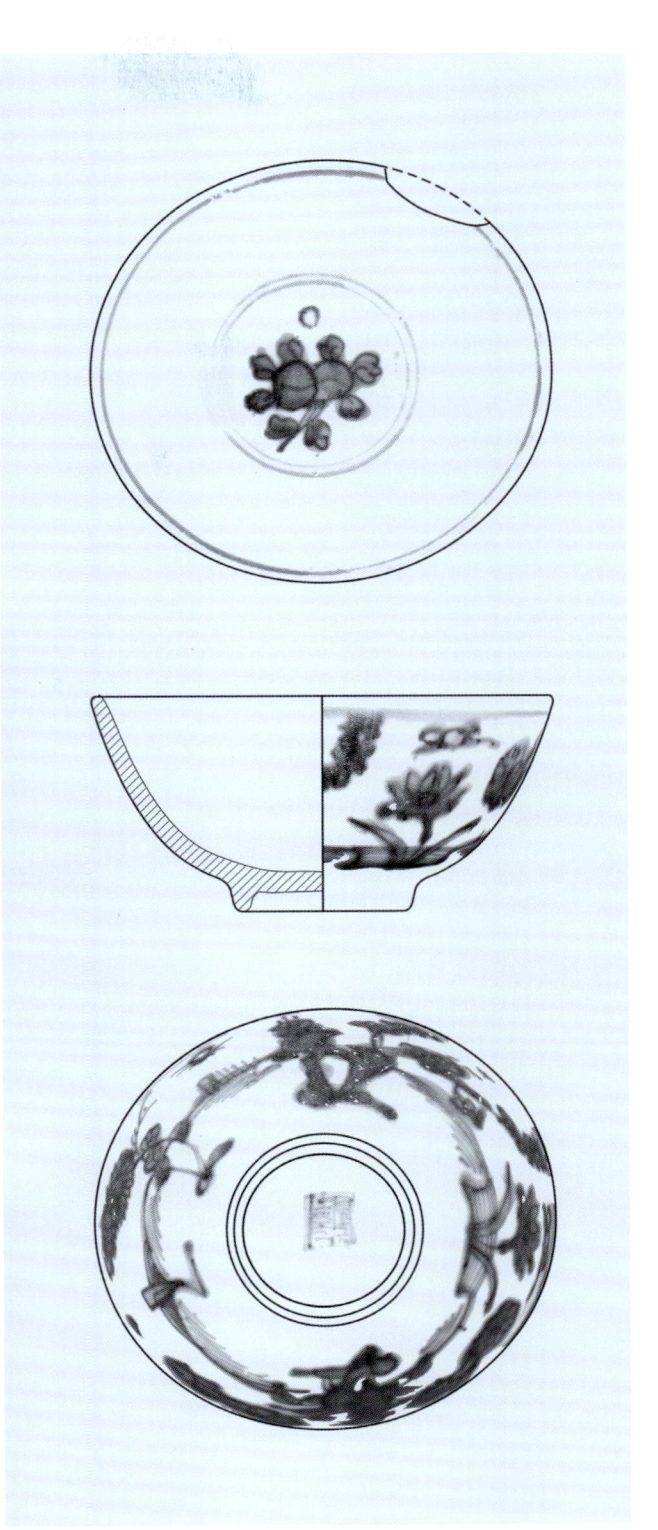

图7-238　青花深腹碗（97XB：190）

图7-239　青花深腹碗（97XB:191）

图7-240　青花深腹碗（97XB:191）

图7-241　青花深腹碗（97XB:199）

图7-242　青花深腹碗（97XB:199）

第七章　西沙文化遗物

图7-243　青花深腹碗（97XB：200）

图7-244　青花深腹碗（97XB：200）

图7-245　青花深腹碗（97XB：206）

图7-246　青花深腹碗（97XB：206）

图7-247 青花深腹碗（97XB:217）

腹，圈足。碗内外口沿下各有一道青花弦纹，内壁绘青花十字形卷云纹，外壁绘青花奔马纹。口径12.5、足径5.5、高7厘米（图7-247）。

标本97XB：301，完整。敞口，弧壁，圈足。口沿内外壁下各绘一圈青花弦纹，内心底青花单圈弦纹内绘折枝桃纹，外壁饰青花缠枝桃花纹。碗底有一道青花弦纹，足底内有一青花押章。口径12.4、足径4.3、高6.1厘米（图7-248～图7-251）。

标本97XB：302，完整。敞口，弧壁，圈足。近口沿内外边各绘一圈青花弦纹，碗底青花双圈弦纹内绘十字形卷云纹，外壁饰青花折枝花卉纹。碗底上有一青花弦纹，足底内绘青花"大明年制"款。口径12.4、足径4.9、高6.3厘米（图7-252、图7-253）。

标本97XB：304，完整。敞口，弧腹，圈足。口沿内外各施一圈青花弦纹，碗底青花单圈弦纹内绘折枝桃纹，外壁饰折枝花卉纹。口径12.3、足径4.6、高6厘米（图7-254～图7-256）。

标本97XJQ：2，口沿残。敞口，近斜直腹，大圈足。碗外壁抹青花粗条纹，施釉不及底。口径15.9、足径8.8、高6厘米（图7-257）。

标本97HNB：06336，残半。敞口，深弧腹，圈足。口沿外施两圈青花弦纹，碗外壁绘青花花卉纹，器身带有部分珊瑚石凝结物。口径14.4、足径5.6、高6.6厘米（图7-258）。

第七章　西沙文化遗物

图7-248　青花深腹碗（97XB：301）

图7-249　青花深腹碗（97XB：301）

图7-250　青花深腹碗（97XB：301）

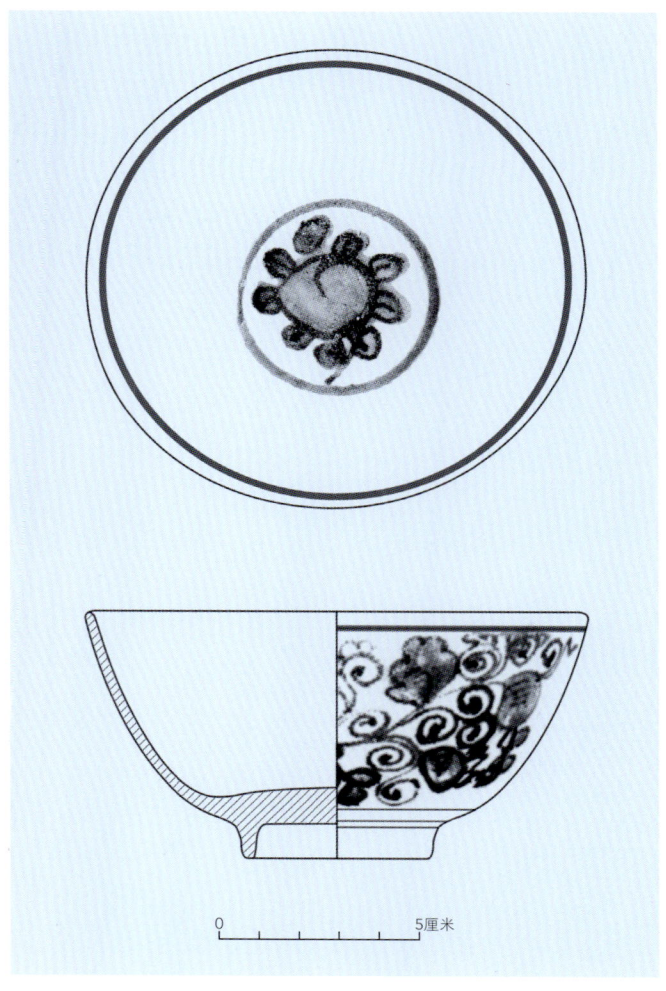

图7-251　青花深腹碗（97XB：301）

118　1996 年西沙文物普查

图7-252　青花深腹碗（97XB：302）

图7-253　青花深腹碗（97XB：302）

图7-254　青花深腹碗（97XB：304）

图7-255　青花深腹碗（97XB：304）

图7-256　青花深腹碗（97XB：304）

第七章 西沙文化遗物

图7-257 青花深腹碗（97XJQ:2）

图7-258 青花深腹碗（97HNB:06336）

图7-259 青花广口碗（97HNB:06589）

广口碗。6件。

标本97HNB:06589，已残大半，器形很硕大，器身内外附有较多珊瑚石凝结物。圆唇，广口，深弧腹，圈足颇大。所施青花纹饰图案较漫漶不清，近口沿内外壁下与足底各施有一道青花弦纹，碗内外壁绘青花花卉纹。口径38、足径17.5、高11.8厘米（图7-259）。

另有240件绘有多种青花纹饰图案的残碗圈足，不少还在足底带年款、字款、押章等。其中，青花纹饰一般是绘在碗心单圈或双圈弦纹内，有的字款、押章等是绘在足底青花弦纹内的。

标本96XBD:14，残碗底，在碗心一圈青花弦纹内绘花卉纹，其外又饰一周青花莲瓣纹，足底内有青花"大明年造"款（图7-260、图7-261）。

标本96XBD:1，残碗底，在碗心青花双圈弦纹内绘折枝牡丹，足底内有青花"永保长春"字款（图7-262、图7-263）。

标本96XBD:5，残碗底，在碗心青花双圈弦纹内绘蟹纹，足底内有青花"万福攸同"字款（图7-264、图7-265）。

标本96XN:216，残碗底，在碗心青花双圈弦纹内绘团花纹，足底内有青花"富贵佳器"字款（图7-266）。

标本96XBD:11，残碗底，在碗心青花双圈弦纹内绘折枝牡丹，足底内有青花"嘉靖年制"款（图7-267、图7-268）。

标本96XBD:15，残碗底，在碗心青花双圈弦纹内绘连弧纹，足底内有青花"大明年制"款（图7-269、图7-270）。

标本96XBD:18，残碗底，在碗心青花双圈弦纹内绘折枝牡丹，足底内有一青花"福"字款（图7-271、图7-272）。

标本96XD:5，残碗底，在碗心青花

图7-260　青花碗底（96XBD:14）

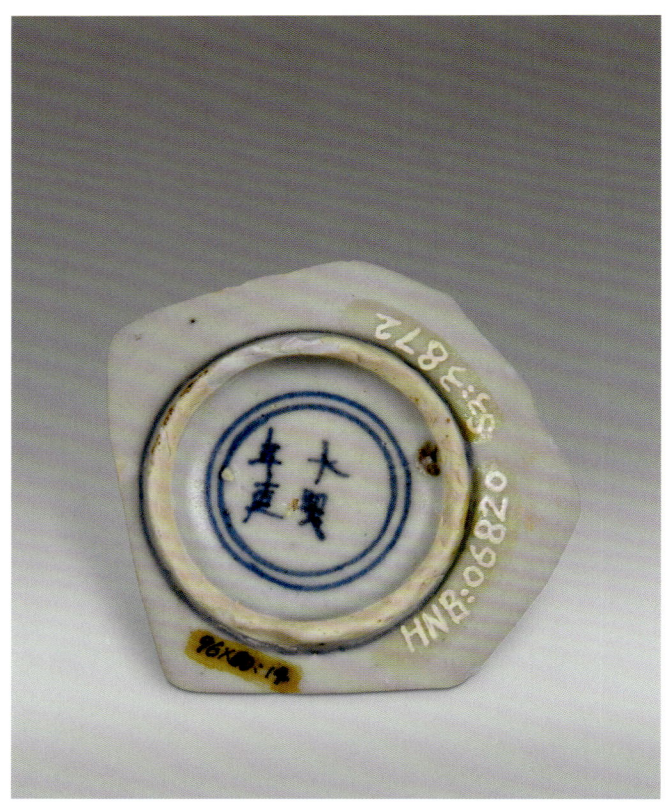

图7-261　青花碗底（96XBD:14）

图7-262　青花碗底（96XBD:1）

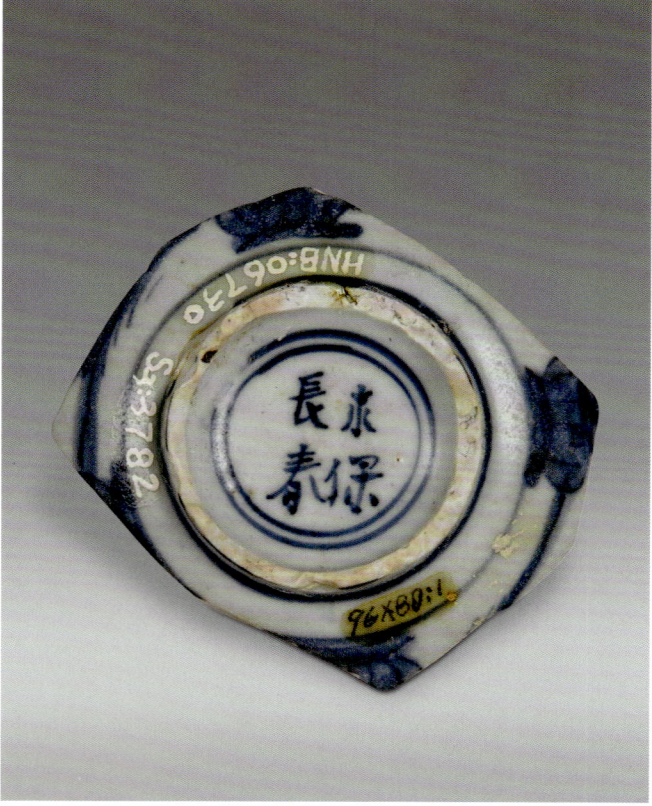

图7-263　青花碗底（96XBD:1）

第七章 西沙文化遗物

图7-264 青花碗底（96XBD：5）

图7-265 青花碗底（96XBD：5）

图7-266 青花碗底（96XN：216）

图7-267　青花碗底（96XBD：11）

图7-268　青花碗底（96XBD：11）

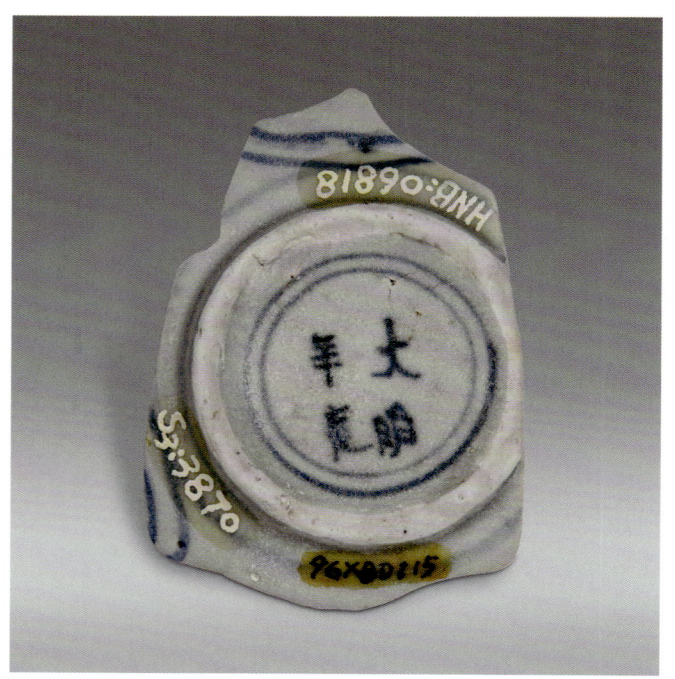

图7-269　青花碗底（96XBD：15）

图7-270　青花碗底（96XBD：15）

　　双圈弦纹内绘宝相花纹，足底内有一青花方形押章（图7-273、图7-274）。

　　标本96XN：1，残碗底，碗心内绘一青花花押款（图7-275）。

　　标本96XN：2，残碗底，碗心内绘一青花花押款（图7-276）。

　　标本96XN：105，残碗底，碗心内绘一青花符号，足底内有一青花"吉"字（图7-277、图7-278）。

第七章　西沙文化遗物　　　　　　　　　　　　　　　　　　　　　　　　　　　　　　　123

图7-271　青花碗底（96XBD：18） 　　　　　　　　　图7-272　青花碗底（96XBD：18）

图7-273　青花碗底（96XD：5） 　　　　　　　　　　图7-274　青花碗底（96XD：5）

标本96XN：151，残碗底，足底内绘有青花花押款（图7-279）。

标本96XN：164，残碗底，足底内绘有青花花押款（图7-280）。

标本96XN：180，残碗底，足底内绘有青花"成化年制"款（图7-281）。

标本96XN：196，残碗底，碗心绘有茁叶纹，足底内绘一青花花押款（图7-282、图7-283）。

标本96XN：198，残碗底，足底内绘有青花"和"字（图7-284）。

标本96XN：200，残碗底，足底内绘有青花"合玉"二字（图7-285）。

标本96XN：209，残碗底，足底内绘有青花花押款（图7-286）。

标本96XZ：1，残碗底，碗心和足底内各绘有一青花花押款（图7-287、图7-288）。

图7-275　青花碗底（96XN：1）

图7-276　青花碗底（96XN：2）

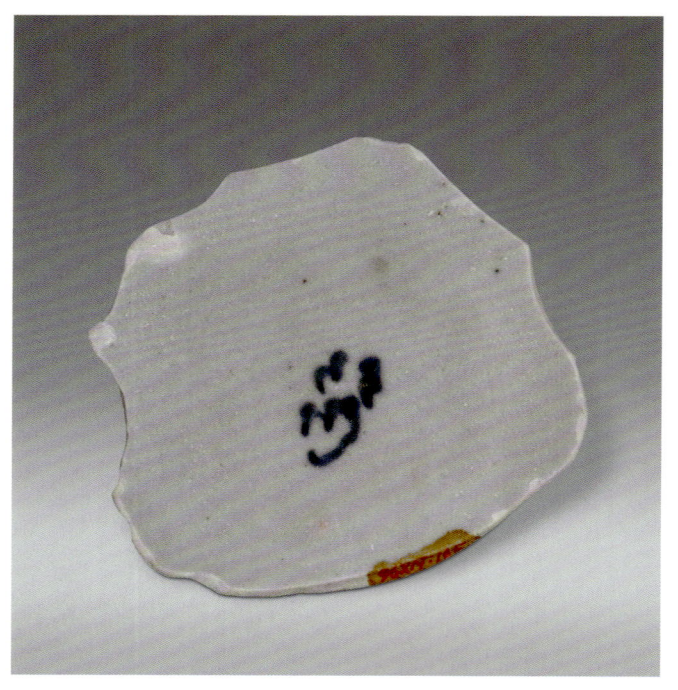

图7-277　青花碗底（96XN：105）

图7-278　青花碗底（96XN：105）

第七章　西沙文化遗物

图7-279　青花碗底（96XN:151）

图7-280　青花碗底（96XN:164）

图7-281　青花碗底（96XN:180）

图7-282　青花碗底（96XN:196）

图7-283　青花碗底（96XN:196）

图7-284 青花碗底（96XN：198）

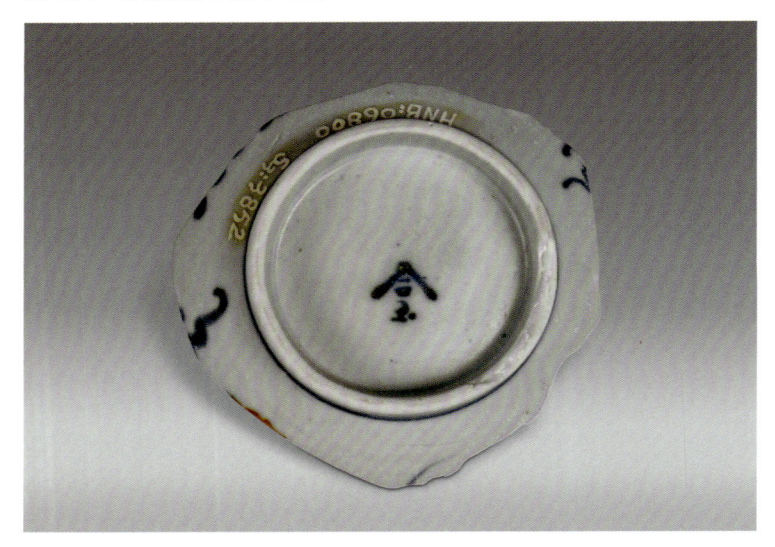

图7-285 青花碗底（96XN：200）

图7-286 青花碗底（96XN：209）

标本96XZ：2，残碗底，碗心绘青花夔龙纹，足底内有青花花押款（图7-289、图7-290）。

标本97XB：193，残碗底，碗心青花双圈弦纹内绘折枝桃纹，足底内有青花"万福攸同"字款（图7-291、图7-292）。

标本97XB：218，残碗底，碗心青花单圈弦纹内绘团螭纹，足底内有青花"富贵佳器"字款（图7-293、图7-294）。

标本97XB：219，残碗底，碗心青花双圈弦纹内绘折枝牡丹，足底内有青花"长春佳器"字款（图7-295、图7-296）。

标本97XB：220，残碗底，碗心青花双圈弦纹内绘鲤鱼纹，足底内有青花"长春佳器"字款（图7-297、图7-298）。

标本97HNB：03587，残碗底，碗心青花单圈弦纹内绘星形押款（图7-299）。

标本97HNB：03584，残碗下身及圈足，碗外壁绘一周青花梵文／变体"寿"字（图7-300）。

标本97HNB：06220，残碗底，碗心青花双圈弦纹内绘青花纹饰，足底内有一青花方形押章（图7-301、图7-302）。

标本97HNB：06228，残碗底，碗心青花双圈弦纹内绘折枝梅花，足底内有一青花方形押章（图7-303、图7-304）。

标本97HNB：06229，残碗底，碗心青花双圈弦纹内绘团花纹，足底内有青花"天下天平"字款（图7-305、图7-306）。

标本97HNB：06230，残碗底，碗心青花双圈弦纹内绘飞鹭及云纹，足底内有一青花方形押章（图7-307、图7-308）。

标本97HNB：06234，残碗底，碗心青花双圈弦纹内绘缠枝花卉，足底内有一青花方形押章（图7-309、图7-310）。

标本97HNB：06267，残碗底，碗心

第七章　西沙文化遗物

图7-287　青花碗底（96XZ∶1）

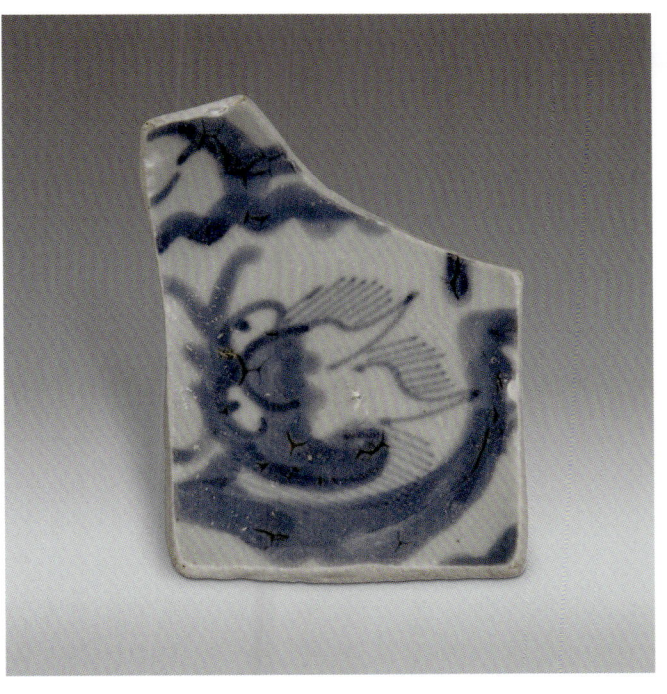

图7-288　青花碗底（96XZ∶1）

图7-289　青花碗底（96XZ∶2）

图7-290　青花碗底（96XZ∶2）

图7-291　青花碗底（97XB:193）

图7-292　青花碗底（97XB:193）

图7-293　青花碗底（97XB:218）

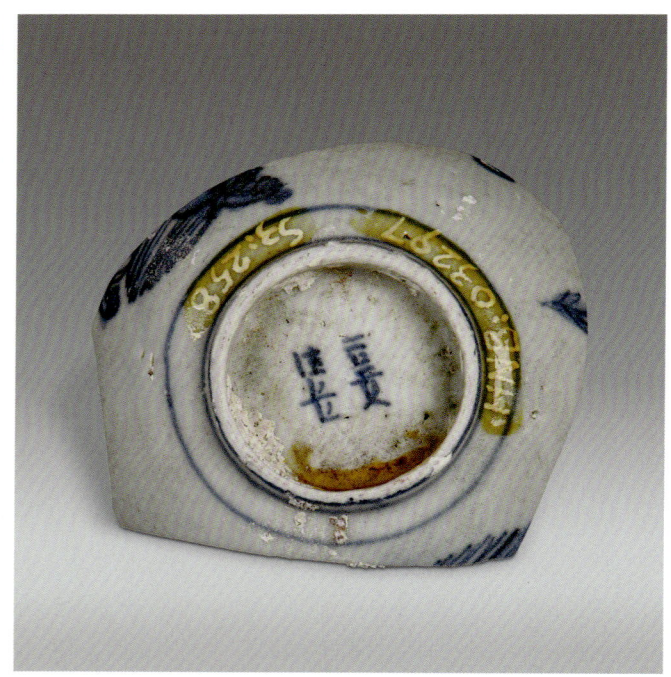

图7-294　青花碗底（97XB:218）

第七章　西沙文化遗物

图7-295　青花碗底（97XB：219）

图7-296　青花碗底（97XB：219）

图7-297　青花碗底（97XB：220）

图7-298　青花碗底（97XB：220）

图7-299 青花碗底（97HNB：03587）

图7-300 青花碗底（97HNB：03584）

图7-301 青花碗底（97HNB：06220）

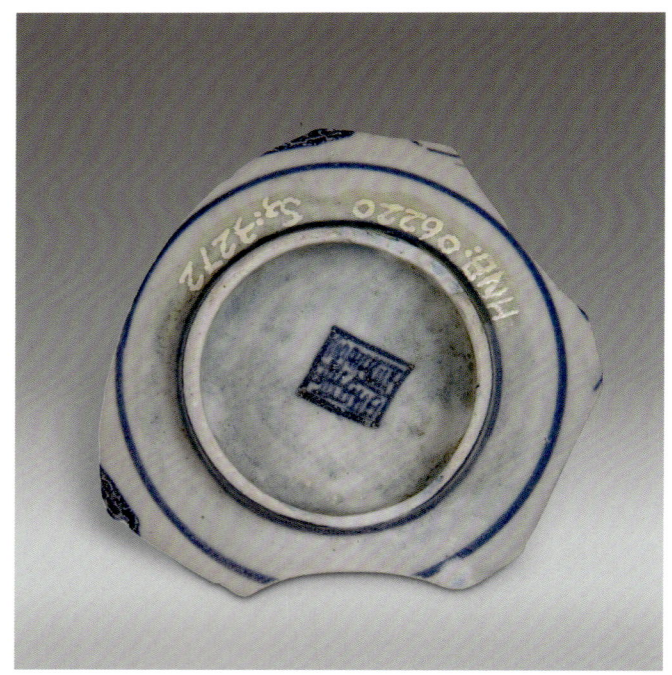

图7-302 青花碗底（97HNB：06220）

第七章　西沙文化遗物

图7-303　青花碗底（97HNB：06228）

图7-304　青花碗底（97HNB：06228）

图7-305　青花碗底（97HNB：06229）

图7-306　青花碗底（97HNB：06229）

青花双圈弦纹内绘飞龙戏珠纹，残器身上写满"寿"字，足底有"大明成化年制"款（图7-311、图7-312）。

标本97HNB：20990，残碗底，碗心青花双圈弦纹内绘一花押章，足底内绘有青花花押款（图7-313、图7-314）。

图7-307　青花碗底（97HNB：06230）

图7-308　青花碗底（97HNB：06230）

图7-309　青花碗底（97HNB：06234）

图7-310　青花碗底（97HNB：06234）

第七章　西沙文化遗物　　　　　　　　　　　　　　　　　　　　　　　　　　　133

　　标本97HNB：06622，残碗底，碗心青花双圈弦纹内绘一"福"字（图7-315）。

　　标本97HNB：06273，残碗底，碗心青花双圈弦纹内绘团花纹，近足底外壁施一周莲瓣纹（图7-316、图7-317）。

　　标本97HNB：06278，残碗底，碗心青花双圈弦纹内绘飞龙纹，残器身上写满

图7-311　青花碗底（97HNB：06267）

图7-312　青花碗底（97HNB：06267）

图7-313　青花碗底（97HNB：20990）

图7-314　青花碗底（97HNB：20990）

图7-315 青花碗底（97HNB：06622）

图7-316 青花碗底（97HNB：06273）

图7-317 青花碗底（97HNB：06273）

"寿"字，足底内有"宣德纪制"款（图7-318、图7-319）。

标本97HNB：06260，残碗底，碗心青花双圈弦纹内绘团螭纹，足底内有一方形押章（图7-320、图7-321）。

标本97HNB：06296，残碗底，外壁及碗心青花双圈弦纹内各绘有站马与蹲马纹，足底内有一方形押章（图7-322、图7-323）。

标本97HNB：06289，残碗底，碗心青花双圈弦纹内绘夔龙纹（图7-324）。

标本97HNB：06290，残碗底，碗心青花双圈弦纹内绘荷塘莲鹭纹（图7-325）。

标本97HNB：06281，残碗底，碗心青花双圈弦纹内绘十字花卉纹（图7-326）。

标本97XB：06235，残碗底，碗心青花双圈弦纹内绘鲤鱼与水波纹（图7-327），足底内有青花"万福攸同"字款。

标本97HNB：06270，残碗底，碗心青花双圈弦纹内绘双桃纹（图7-328）。

标本97HNB：06286，残碗底，碗心青花双圈弦纹内绘缠枝团花纹，足底内有一方形押章（图7-329、图7-330）。

（3）盘

40件。皆为盘残件或圈足底，器形一般颇大，内外壁基本上都绘有青花纹饰。

标本96XBUWI：39，盘残件。敞口，宽折沿，弧腹，大矮圈足。外壁口沿饰青花八宝纹，腹部绘折枝花卉纹，内壁口沿饰二道青花弦纹，底边饰一周青花如意云纹，盘心绘青花团花纹。足径16、高6.5厘米（图7-331、图7-332）。

标本96XJUW：1，残盘底。矮圈足，内底不挂釉。盘心画一青花方形押章，足径11.9厘米（图7-333）。

第七章　西沙文化遗物

图7-318　青花碗底（97HNB:06278）

图7-319　青花碗底（97HNB:06278）

图7-320　青花碗底（97HNB:06260）

图7-321　青花碗底（97HNB:06260）

图7-322　青花碗底（97HNB:06296）

图7-323　青花碗底（97HNB:06296）

图7-324　青花碗底（97HNB:06289）

图7-325　青花碗底（97HNB:06290）

第七章　西沙文化遗物

图7-326　青花碗底（97HNB:06281）

图7-327　青花碗底（97XB:06235）

图7-328　青花碗底（97HNB:06270）

图7-329　青花碗底（97HNB：06286）　　　　　　　　图7-330　青花碗底（97HNB：06286）

　　标本97XB：157，残盘底。圈足。盘心青花单圈弦纹内绘龙戏彩球纹及一周连弧纹，足径17.8厘米（图7-334）。

　　标本97XB：158，残盘底。圈足，盘心青花双圈弦纹内绘青花十字花卉纹及一周连弧纹（图7-335）。

　　标本97XB：159，盘残件。敞口，折沿，弧腹，矮圈足。外壁口沿下饰青花双线菱形纹，腹壁绘青花菊花纹，盘心青花双圈弦纹内绘团菊和一周连弧纹（图7-336）。

　　标本97XB：291，盘残件。敞口，宽折沿，弧腹，矮圈足。外壁绘青花弦纹和兽纹，内壁口沿饰青花八宝纹，盘心青花双圈弦纹内绘团菊纹（图7-337、图7-338）。

　　标本97XB：292，残盘底。圈足，盘心青花双圈弦纹内绘凤鸟纹（图7-339）。

　　标本97XB：295，口沿稍残。敞口，浅弧腹，矮圈足。外壁绘花卉纹，内壁饰青花凤鸟纹、折枝花卉、双圈弦纹等，盘心青花双圈弦纹内绘莲瓣纹（图7-340～图7-342）。

　　标本97XSBWI：004，完整。圆唇，敞口，宽折沿，弧腹，矮圈足。口沿内壁饰一周青花绶带纹，盘心青花双圈弦纹内绘凤鸟纹（图7-343～图7-345）。

　　标本97HNB：06254，盘残件。敞口，弧腹，矮圈足。口沿下外壁绘青花弦纹和连续螺旋纹，腹部饰一周青花竖条纹（图7-346）。

　　标本97HNB：06314，残盘底。圈足，盘心青花双圈弦纹内绘公鸡觅食纹和花卉纹（图7-347）。

第七章　西沙文化遗物

图7-331　青花盘残片（96XBUWI:39）

图7-332　青花盘残片（96XBUWI:39）

图7-333　青花盘残底（96XJUW:1）

图7-334　青花盘残底（97XB:157）

图7-335　青花盘残底（97XB:158）

图7-336　青花盘残片（97XB:159）

图7-337　青花盘残片（97XB：291）

图7-338　青花盘残片（97XB：291）

图7-339　青花盘残底（97XB：292）

　　标本97HNB：06315，残盘底。圈足，盘心青花双圈弦纹内绘缠枝花卉纹（图7-348）。

　　标本97HNB：06316，残盘底。弧腹，圈足，外壁饰青花兰草纹。盘心青花双圈弦纹内绘青花宝塔、山石、亭台、楼阁、人物、舟船等纹饰图案（图7-349）。

　　标本97HNB：06610，残盘底。圈足，内壁绘青花飞龙纹，盘心青花双圈弦纹内

第七章　西沙文化遗物

图7-340　青花盘（97XB：295）

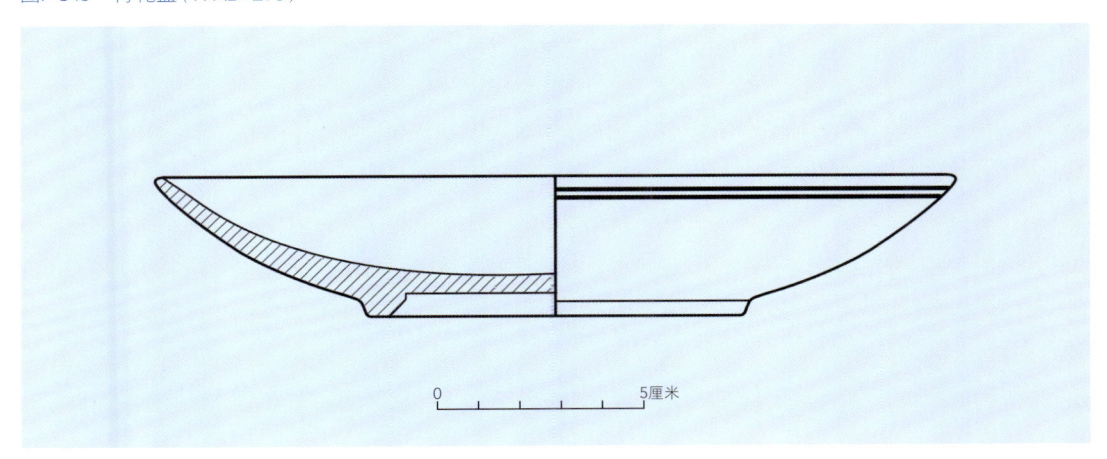

图7-341　青花盘（97XB：295）

图7-342　青花盘（97XB：295）

图7-343 青花盘残件（97XSBWI:004）

图7-344 青花盘残件（97XSBWI:004）

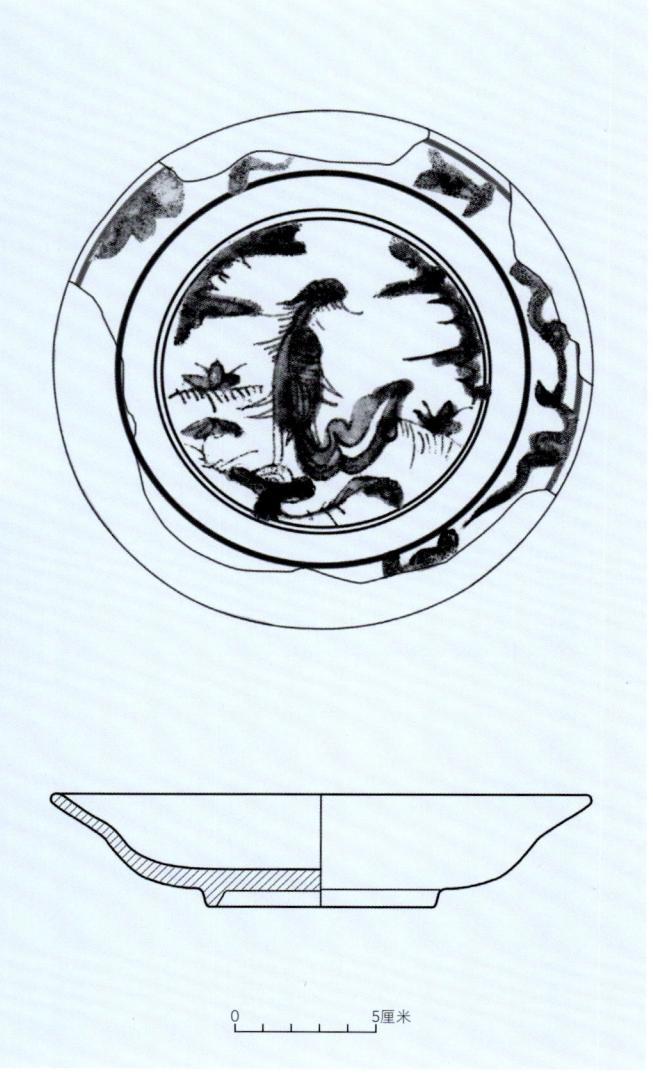

图7-345 青花盘残件（97XSBWI:004）

绘团菊纹、海水纹（图7-350）。

标本97HNB：06614，残盘底。圈足，盘心青花双圈弦纹内绘游鱼、波浪、水草纹（图7-351）。

标本97HNB：06333，盘残半，器身附着少量珊瑚石凝结物。圆唇，广口，斜弧腹，圈足。口沿内壁饰一周青花菱形纹，盘外壁饰青花纹饰，青花色泽暗淡（图7-352）。

（4）瓶

5件。皆为瓶残件。

标本97XB：160，残瓶底，器壁较厚，白胎，胎质细密。平底较大，近底部绘饰

第七章　西沙文化遗物　　　　　　　　　　　　　　　　　　　　　　　　　　　　　　　　　143

图7-346　青花盘件残（97HNB:06254） 　　　　　　　图7-347　青花盘残底（97HNB:06314）

图7-348　青花盘残底（97HNB:06315） 　　　　　　　图7-349　青花盘残底（97HNB:06316）

图7-350　青花盘残底（97HNB：06610）

图7-351　青花盘残底（97HNB：06614）

图7-352　青花盘残底（97HNB：06333）

青花弦纹、水草纹。底径17.6、残高7.5厘米（图7-353）。

标本97HNB：06591，瓶腹部残件。外壁绘青花飞蝶及花草纹（图7-354）。

标本97HNB：06611，瓶残颈，器壁较薄，白胎，胎质细密。小直口，细长颈，溜肩。颈部绘青花缠枝花卉纹及几何纹、弦纹等。口径3.2、残高20.3厘米（图7-355）。

（5）碟

45件。大都为碟残件，仅有个别完整者，一般是在碟心绘有青花纹饰图案。

标本97XB：298，完整。敞口，斜弧腹，矮圈足。内壁口沿有一圈青花弦纹，外壁绘团花纹，碟心绘青花双圈弦纹。口径9.7、足径5.3、高2.3厘米（图7-356）。

标本97XN：1，残碟底。碟心绘青花团螭花卉纹（图7-357）。

标本97HNB：06269，碟残件。敞口，弧壁，矮圈足。口沿内壁有双圈青花弦纹，内底平，碟心青花双圈弦纹内绘狮子戏球图。口径14、足径7.7、高2.6厘米（图7-358）。

第七章　西沙文化遗物　　　　　　　　　　　　　　　　　　　　　　　　　145

图7-353　青花残瓶底（97XB:160）

图7-354　青花瓶残件（97HNB:06591）

图7-355　青花瓶残件（97HNB:06611）

标本97HNB：06272，残碟底。圈足，平底碟心青花双圈弦纹内绘狮子戏球（图7-359）。

标本97HNB：06275，碟残件。敞口，弧壁，矮圈足，平底碟心青花双圈弦纹内绘十字形绶带纹。口径14、足径8、高3.6厘米（图7-360）。

标本97HNB：06320，口沿稍残，外壁附有少量珊瑚石凝结物。圆唇，敞口，斜弧腹，近圜底。口沿内壁有二周青花弦纹，碟心青花双圈弦纹内绘缠枝花卉纹。口径10.2、底径3.5、高3.1厘米（图7-361）。

标本97HNB：06323，残碟底，器身附着少量珊瑚石凝结物。圈足，平底碟心双圈弦纹内绘青花纹饰（图7-362）。

标本97HNB：06324，碟口已残，器物内外壁附着较多珊瑚石凝结物。敞口，口

图7-356　青花碟（97XB:298）

图7-357　残青花碟底（97XN:1）

图7-358　青花碟残件（97HNB:06269）

图7-359　残青花碟底（97HNB:06272）

第七章 西沙文化遗物

沿稍宽且外折，斜弧壁，圈足甚矮。口沿内壁有一圈青花弦纹和花卉纹，碟心底部和外壁绘青花花草纹。口径15.2、足径7.7、高2.5厘米（图7-363、图7-364）。

标本97HNB：06327，口沿稍残，器物内外壁附着较多珊瑚石凝结物。圆唇，敞口，斜弧壁，矮圈足。器物内外壁绘有青花弦纹和花卉纹，足底外壁也有双圈青花弦纹。口径14.7、足径8.9、高2.9厘米（图7-365）。

标本97HNB：06569，残碟底。圈足，碟心青花单圈弦纹内绘四开光灵芝纹（图7-366）。

标本97HNB：20988，碟残件。圆唇，敞口，近斜直壁，矮圈足。外壁绘青花弦纹和团花纹，内壁口沿有青花双圈弦纹，碟心青花双圈弦纹内绘玉兔和缠枝凤尾花。口径11.3、足径6.3、高2.6厘米（图7-367、图7-368）。

标本97HNB：20991，完整，器物上附有少许珊瑚石凝结物。圆唇，撇口，近斜弧壁，圈足。内外壁口沿下各有一周青花弦纹，近碟心绘青花双圈弦纹。口径13.4、足径5.9、高3.9厘米（图7-369）。

（6）盒

10件。分为盒身和盒盖，有方形、圆形与八棱之别，内外壁皆施釉。

标本97XB：167，方形盒身，器形较小。子口较低矮，四壁颇直，平底，稍内凹。在盒身周壁两条青花弦纹中间绘十字形勾云纹。边长5、高2厘米（图7-370）。

标本97XB：316，圆形盒身，口沿略残。矮子口，弧壁，平底稍内凹，器身绘青花纹饰。口径5.5、底径3.9、高2.3厘米（图7-371）。

图7-360 青花碟残件（97HNB：06275）

图7-361 青花碟（97HNB：06320）

图7-362 残青花碟底（97HNB：06323）

图7-363 青花碟（97HNB:06324）

图7-364 青花碟（97HNB:06324）

图7-365 青花碟（97HNB:06327）

图7-366 残青花碟底（97HNB:06569）

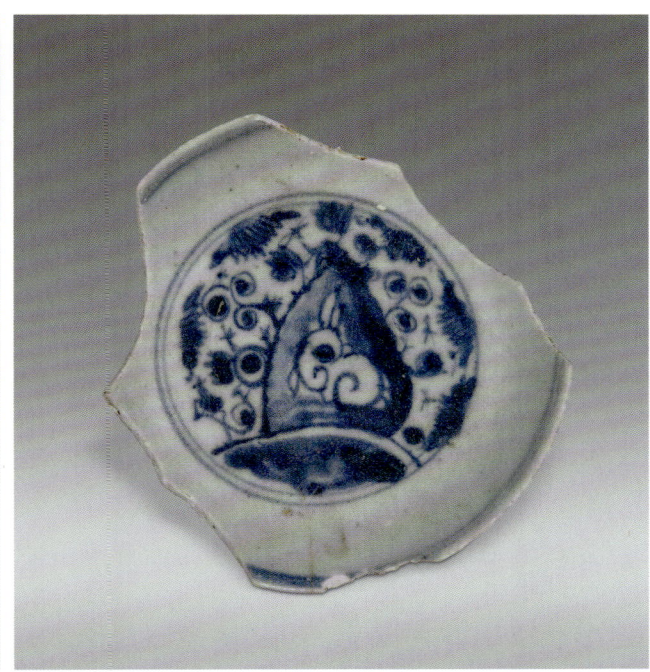

图7-367 青花碟残件（97HNB：20988）

图7-368 青花碟残件（97HNB：20988）

图7-369 青花碟（97HNB：20991）

标本97XB：315，八棱盒身，器形稍小。子口低矮，近斜弧壁，矮圈足。盒身外壁口沿下有两条青花弦纹，器身绘青花折枝花卉纹。口径9.4、足径5.6、高4.8厘米（图7-372、图7-373）。

标本97XB：317，圆形盒盖，近半球形。母口，盖面绘青花太阳花纹。盖径6.5、高1.8厘米（图7-374、图7-375）。

标本97HNB：03933，圆形盒盖，器身有少许珊瑚石凝结物。母口，盖面绘青花人物故事纹。盖径12.1、高1.5厘米（图7-376、图7-377）。

（7）盅

15件。内外壁皆施釉，器形大都较小。

标本96XN：37，残大半，器形较小，薄胎，胎质洁白，造型规整。尖唇，小直口，直壁，矮圈足。外壁绘有青花山水与诗句"平桥人唤渡，撑出小舟来"。口径5.7、足径3.8、高3厘米（图7-378、图7-379）。

标本97XB：164，完整。圆唇，小敞口，斜直壁，圈足。外壁绘青花水草纹。口径7.2、足径3.1、高3.8厘米（图7-380）。

标本97XB：310，口沿残缺，外壁施酱褐釉，内壁施透明釉。圆唇，撇口，斜

图7-370　方形盒身（97XB：167）

图7-371　圆形小盒（97XB：316）

图7-372　八棱盒（97XB：315）

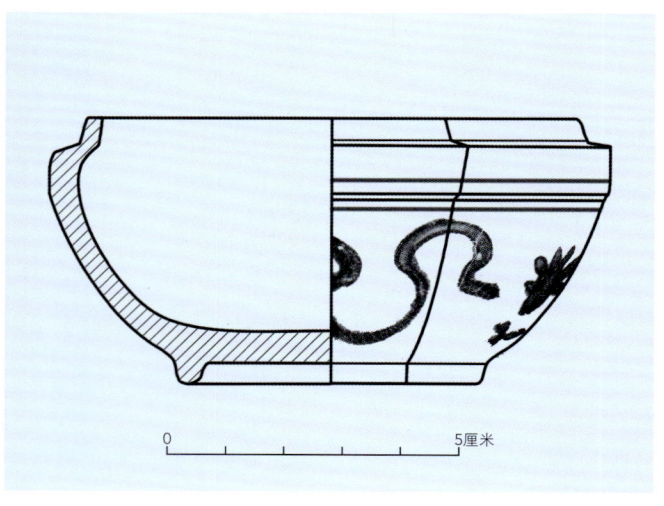

图7-373　八棱盒（97XB：315）

第七章　西沙文化遗物

图7-374　青花盒盖（97XB:317）

图7-376　青花盒盖（97HNB:03933）

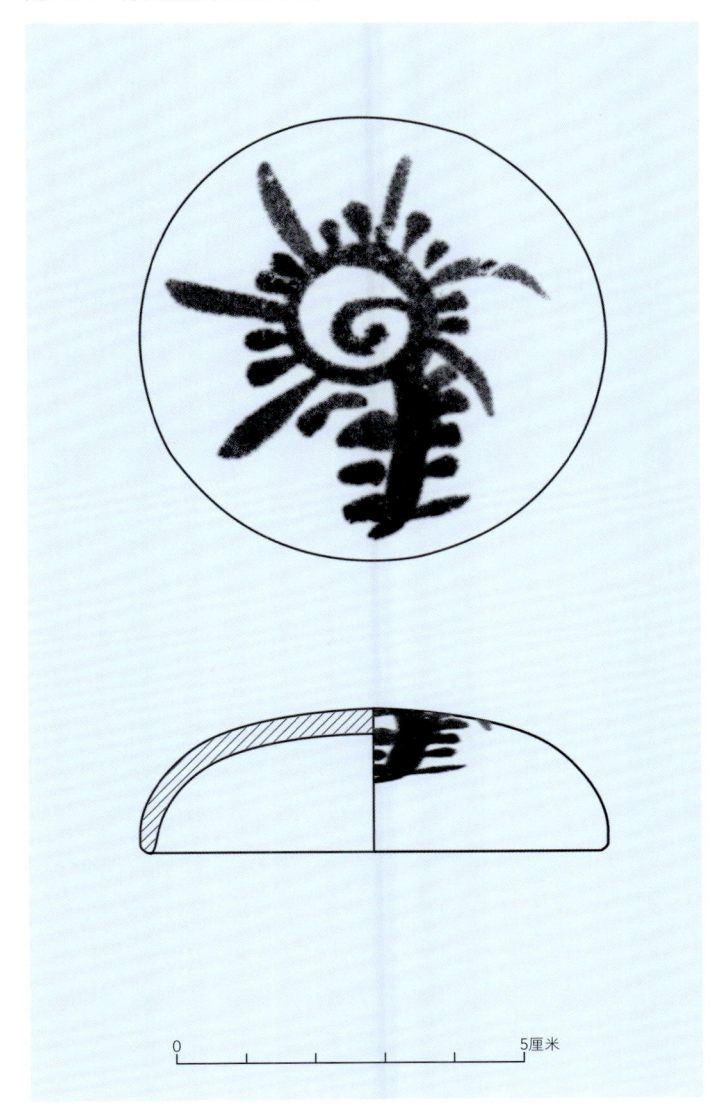

图7-375　青花盒盖（97XB:317）

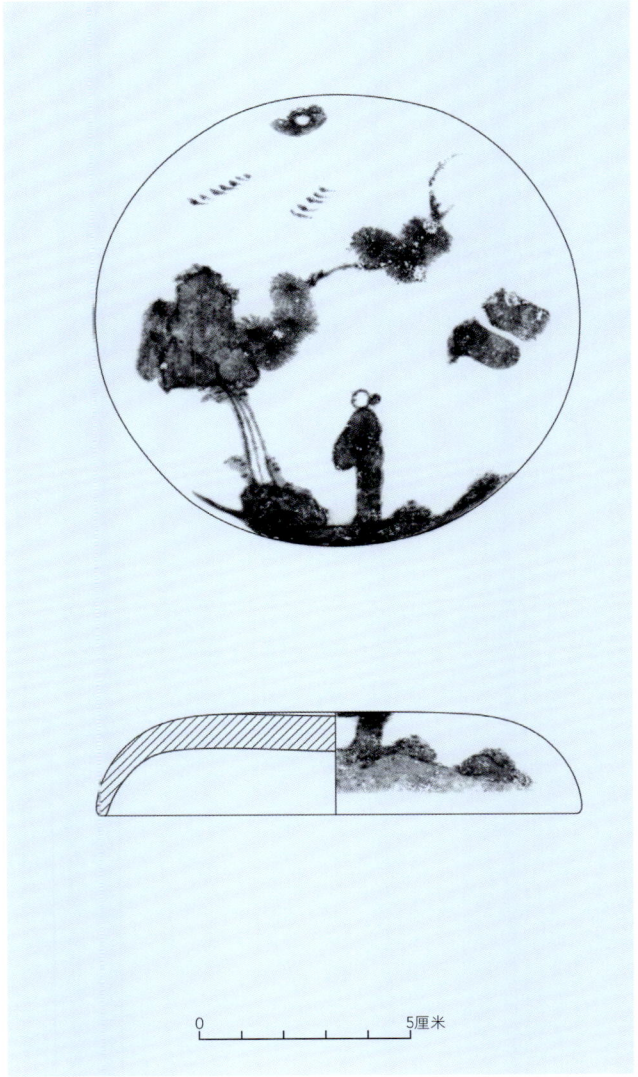

图7-377　青花盒盖（97HNB:03933）

图7-378　青花盅（96XN：37）

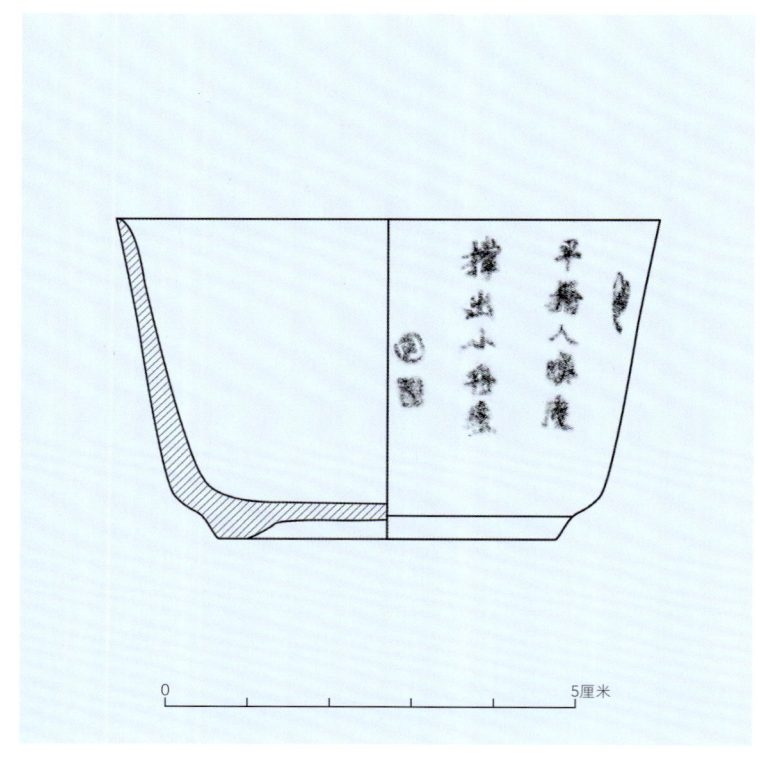

图7-379　青花盅（96XN：37）

直壁，圈足。内壁口沿处施一周青花圆点纹，杯心青花单圈弦纹内绘花草纹。口径7.9、足径3.3、高4.4厘米（图7-381、图7-382）。

标本97XB：165，完整。小敞口，斜直壁，矮圈足，外壁饰青花圆团形图案。口径5.1、足径2.9、高3厘米（图7-383、图7-384）。

标本97HNB：06358，口沿稍残。直口，斜弧壁，矮圈足。外壁口沿下施二周青花弦纹，器身绘青花折枝花卉纹，足底有青花"大明制"字款。口径5.2、足径3.0、高3.1厘米（图7-385）。

标本97HNB：06359，口沿残，器形颇小。直口，近斜弧壁，圈足。口沿外壁施一周青花弦纹，器身绘3个青花圆形纹饰，足底有"大明制"字款。口径4.9、足径2.6、高2.8厘米（图7-386、图7-387）。

标本97XN：28，残大半。近斜弧壁，圈足略大。器身外壁绘青花山水纹，足底落款"玩玉"。底径4、残高3.5厘米（图7-388、图7-389）。

标本97XN：30，近残大半。敞口，弧腹，圈足，外壁绘青花花卉纹。口径6.2、足径3.2、高3厘米（图7-390）。

（8）缸

8件。皆为缸残片。器壁甚厚，白胎，胎质细密，外壁绘青花纹饰。

标本97HNB：06317，缸底残片。大矮圈足，近底部外壁绘青花纹饰及仰莲叶纹（图7-391）。

标本97HNB：06588，缸口沿残片。厚圆唇，大敞口，短颈，弧壁，外壁绘青花缠枝牡丹纹（图7-392）。

标本97HNB：06590，缸口沿残片。方唇，折沿，大敞口，外壁绘青花团花草叶

第七章　西沙文化遗物

图7-380　青花盅（97XB：164）

图7-381　青花盅（97XB：310）

图7-382　青花盅（97XB：310）

图7-383　青花盅（97XB：165）

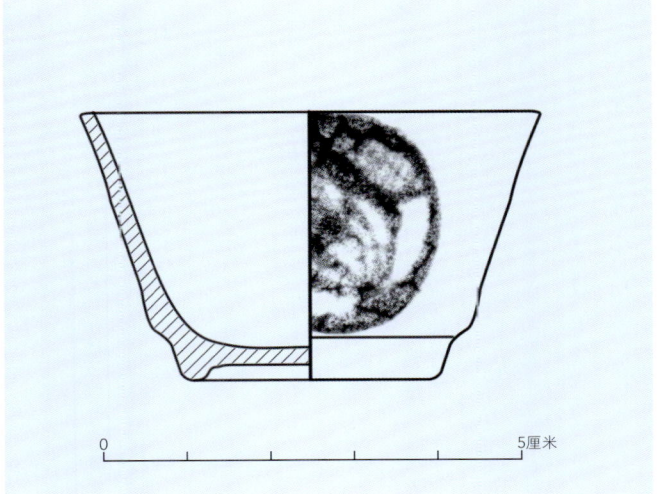

图7-384　青花盅（97XB：165）

图7-385　青花盅（97HNB:06358）

图7-386　青花盅（97HNB:06359）

图7-387　青花盅（97HNB:06359）

图7-388　青花盅（97XN:28）

图7-389　青花盅（97XN:28）

纹（图7-393）。

（9）匙

4件。均为匙残件，内壁绘青花纹饰。

标本96XJ：12，缺一长柄。匙口近呈椭圆形，圆唇，近平底。匙口处有一周青花弦纹，内壁饰青花折枝花卉纹。残长7.2、残高2.2厘米（图7-394）。

标本97HNB：06309，缺一长柄。匙口近呈椭圆形，近平底。匙口处有一周青花弦纹，内壁绘青花水草纹。残长8、残高3.厘米（图7-395）。

（10）钵

5件。多为钵残件，器形较小。

标本97XB：312，口沿已残。圆唇，敛口，鼓腹，矮圈足。口沿下外施一道青花

图7-390　青花盅（97XN：30）

图7-391　青花缸（97HNB：06317）

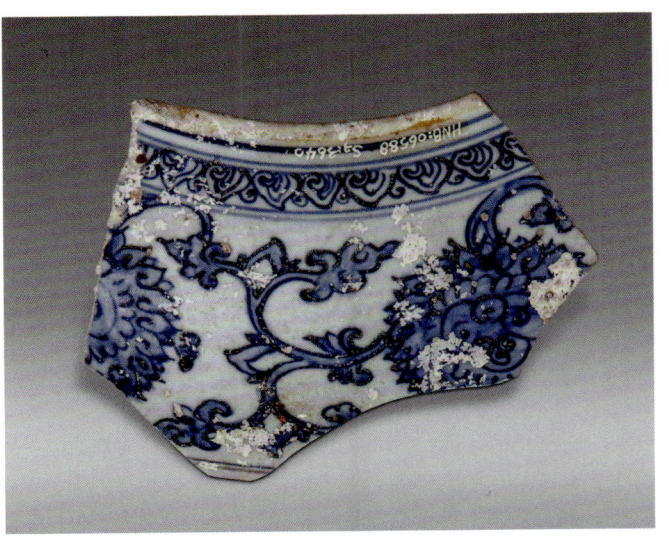

图7-392　青花缸（97HNB：06588）

图7-393　青花缸（97HNB：06590）

弦纹，腹部绘青花草叶纹。口径9、足径6.6、高4.8厘米（图7-396、图7-397）。

（11）器盖

5件。器形皆完整。

标本97HNB：06311，器身有少许珊瑚石凝结物。近圆饼形，母口，平顶，直盖沿边。沿盖顶边施二圈青花粗弦纹，内绘青花山水纹。盖径8.5、高2.4厘米（图7-398、图7-399）。

标本97HNB：06355，近似漏斗形，母口，上部呈短圆管形，中部呈圆鼓状，下部接一近漫弧形平盖。上、中、下三部分分别绘两周青花弦纹、折枝花卉、俯莲瓣纹。盖径6.6、通高6.5厘米（图7-400）。

标本97HNB：06356，器身有一些珊瑚石凝结物。近似帽盔形，母口，宽边沿，

图7-394　青花匙（96XJ：12）

图7-395　青花匙（97HNB：06309）

图7-396　青花钵（97XB：312）

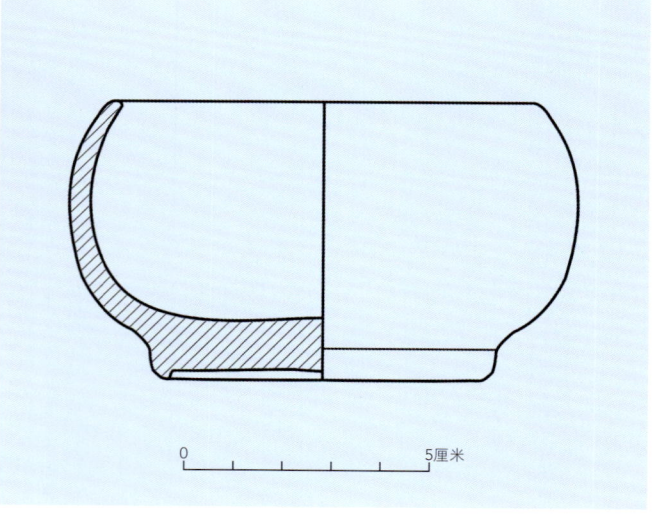

图7-397　青花钵（97XB：312）

弧顶，盖面绘青花纹饰。盖径4.3、通高5.1厘米（图7-401）。

标本97HNB：06382，器身较矮小。近呈圆饼形，子口，平顶，盖面绘一周青花粗弦纹。口径2.1、通高3.2厘米（图7-402）。

4.其他釉色瓷器

其他釉色瓷中，仅有很少的黑釉、白釉器物。

黑釉盏　2件。为宋代，器形相同，盏内外施黑釉，釉不及足底，器表有少许釉层脱落。

标本97HNB：06580，残半，圆唇，敞口，近斜腹，矮圈足颇小。口径12、足径3.2、高5.2厘米（图7-403、图7-404）。

白釉瓷器仅为1件小杯。

图7-398　青花器盖（97HNB：06311）

图7-399　青花器盖（97HNB：06311）

图7-400　青花器盖（97HNB：06355）

图7-401　青花器盖（97HNB：06356）

图7-402　青花器盖（97HNB：06382）

图7-403　黑釉盏（97HNB：06580）

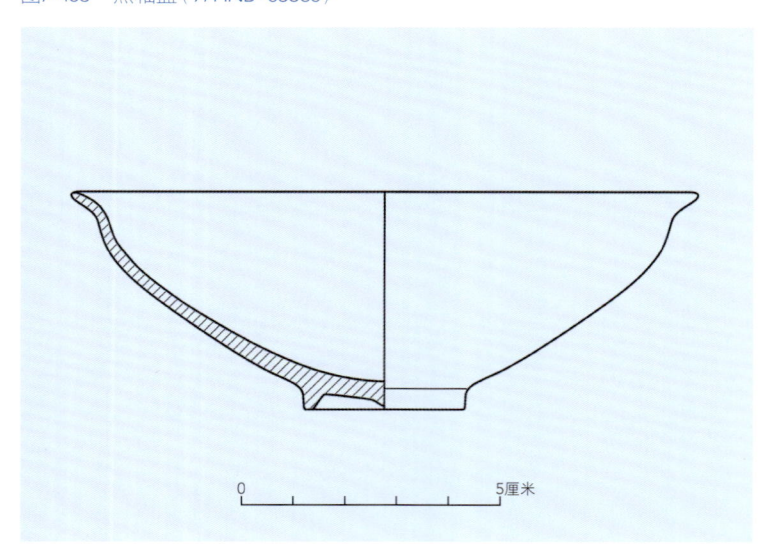

图7-404　黑釉盏（97HNB：06580）

三、铜器

1996年西沙群岛文物普查之后，在1997年北礁又出水了107件铜器，另有个别铜器分别发现于珊瑚岛、浪花礁等岛礁礁盘上。因铜器属金属器物，质地相对较为坚硬，在海水中不易被海浪冲击，故器物大都保存较好。铜器质地可分紫铜和青铜两种，器形主要有盘、器座、钵、杯、锁、弹簧及铜锭等。

1. 铜盘

55件。铜器中，铜盘数量最多，按其器形不同，可分为宽沿盘和窄沿盘两种。

花口宽沿铜盘。47件。

其中多数已残破或为盘底，较完整的很少。质地为黄铜，敞口，宽沿边花口呈连弧状，且向外平折，斜弧腹，平底。内底錾刻有缠枝花卉纹，外壁为素面。

标本97XB：310，铜盘器体硕大，盘口沿略残。大平底，内底錾刻有缠枝花卉纹。口径30、底径16.8、高4.2厘米（图7-405）。

标本97XB：328，铜盘器体较大，盘口沿稍残。大平底，内底錾刻有缠枝花卉纹。口径26.8、底径16.4、高3.5厘米（图7-406～图7-408）。

标本97XB：347，铜盘沿边残缺。内底为素面，口径24、底径13、高3.6厘米（图7-409）。

窄沿铜盘。8件。

铜盘质地为紫铜，器形有大、中、小之区别。口稍外侈，窄沿平折，斜直腹，平底，内底一般錾刻缠枝花鸟纹，外壁为素面。

标本97XB：319，大型铜盘，盘底略残破，器身附有较多珊瑚石胶结物，内底为素面。口径38.7、底径28、高6.8厘米（图7-410）。

标本97XB：322，中型铜盘，完整，器身附有少量珊瑚石胶结物，内底錾刻缠枝花鸟纹。口径24、底径16.5、高4.5厘米（图7-411～图7-413）。

图7-405　花口宽沿铜盘（97XB：310）

标本97XB：324，小型铜盘，完整，内底錾刻缠枝花鸟纹。口径17、底径12、高3.5厘米（图7-414～图7-416）。

2. 铜器座

14件。完整。铜器座皆完整，质地全为紫铜，也有大、中、小之别。器形为上口小，下口大，中部呈亚腰形，内空，器表均为素面。

标本97XB：351，大型铜器座，器身附有少量珊瑚石胶结物。口径22.5、底径

图7-406　花口宽沿铜盘（97XB：328）

图7-407　花口宽沿铜盘（97XB：328）

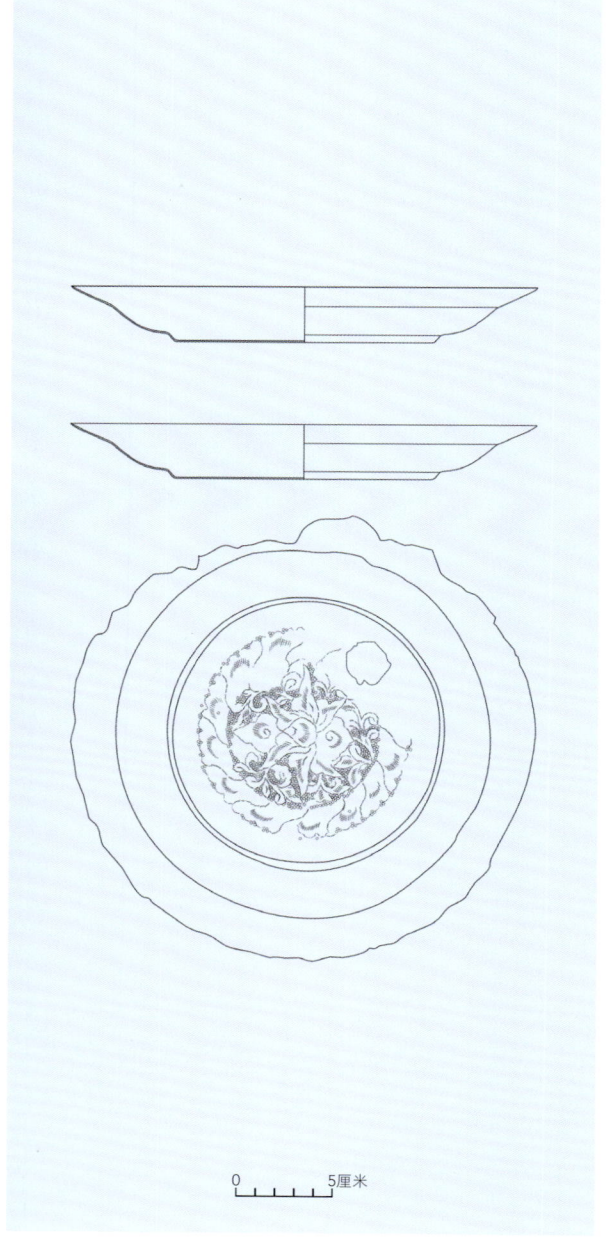

图7-408　花口宽沿铜盘（97XB：328）

24.6、高14.5厘米（图7-417、图7-418）。

标本97XB：341，中型铜器座。口径18.8、底径19.5、高10.8厘米（图7-419）。

标本97XB：361，小型铜器座。口径12.3、底径13.7、高7.8厘米（图7-420、图7-421）。

在发现的铜器中，有两件相互叠压套合在一起的铜盘与铜器座（97XB：435、97XB：436），其器身上附着有较多的珊瑚石胶结物（图7-422），从这种十分特殊的现象来看，它们应该是一定的组合关系，当是相配套在一起使用的日常生活器皿。上

图7-409　花口宽沿铜盘（97XB：347）

图7-410　窄沿铜盘（97XB：319）

图7-411　窄沿铜盘（97XB:322）

图7-412　窄沿铜盘（97XB:322）

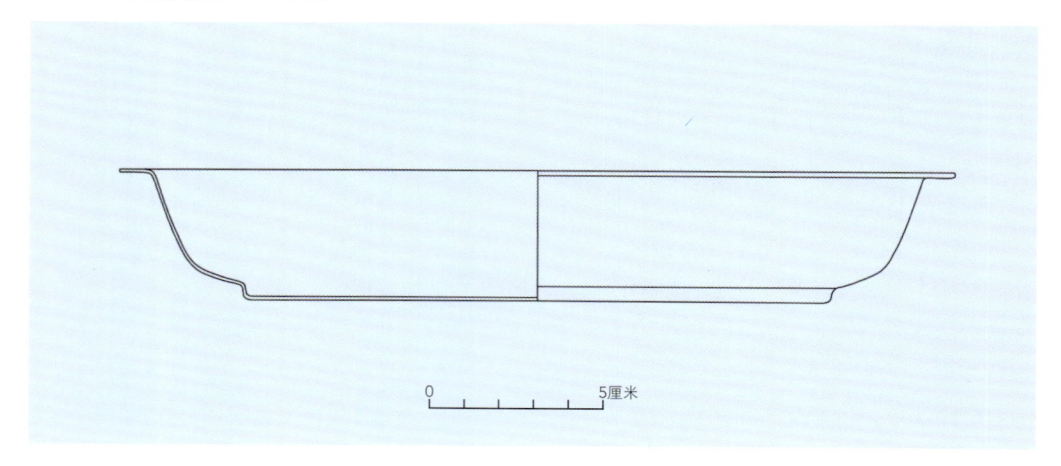

图7-413　窄沿铜盘（97XB:322）

第七章　西沙文化遗物

图7-414　窄沿铜盘（97XB:324）

图7-415　窄沿铜盘（97XB:324）

图7-416　窄沿铜盘（97XB:324）

述的这些铜器座分为大、中、小三型，恰好与窄沿铜盘大、中、小三型的规格相匹配，应是可以组合在一起使用的。另有一组大型（97XB：437、97XB：438）和中型（97XB：439、97XB：440）铜盘与铜器座的组合（图7-423、图7-424）也证明了这种配套在一起的情况。

3. 铜杯

2件。其中1件已残，紫铜质地，器身有少量铜绿锈。

标本97XB：366，完整。近平唇，敞口，斜弧壁，平底。口径8.8、底径5、高5厘米（图7-425、图7-426）。

4. 铜钵

3件。器形稍大，质地为青铜。

为3件器形相同的铜钵相叠压在一起（97XB：305），其中上面的1件已残，表面胶结有珊瑚石凝结物。口微敛，弧壁，平底。口径15.8、底径11.6厘米（图7-427）。

5. 铜锁

19件。其中，有11件残。质地为黄铜，形体有大、小之别，器形基本相同。平面近呈长方形，锁身呈长"凹"字形，

图7-417　铜器座（97XB：351）

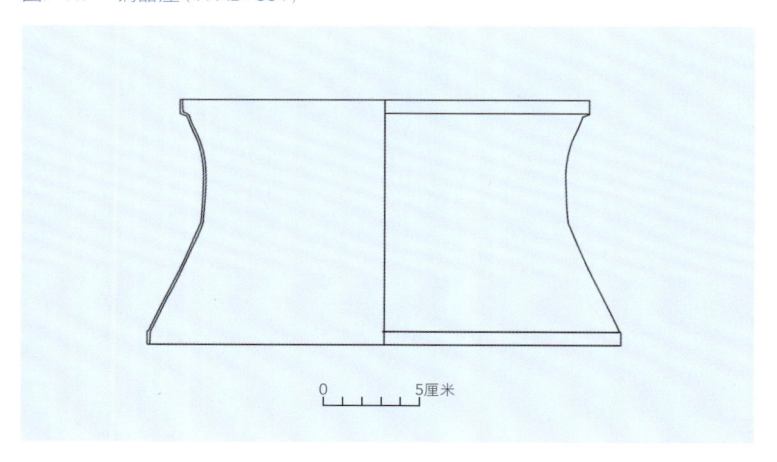

图7-418　铜器座（97XB：351）

图7-419　铜器座（97XB：341）

第七章　西沙文化遗物

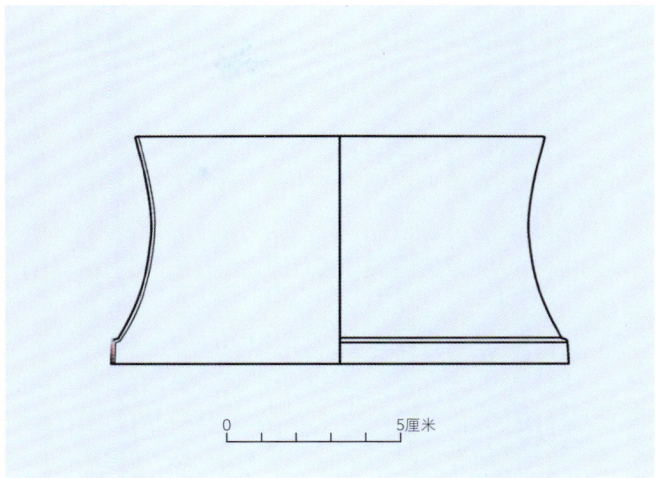

图7-420　铜器座（97XB:361）

图7-421　铜器座（97XB:361）

图7-422　铜盘与铜器座（97XB:435、97XB:436）

图7-423　铜盘与铜器座（97XB:437、97XB:438）

图7-424　铜盘与铜器座（97XB:439、97XB:440）

图7-425 铜杯（97XB：366）

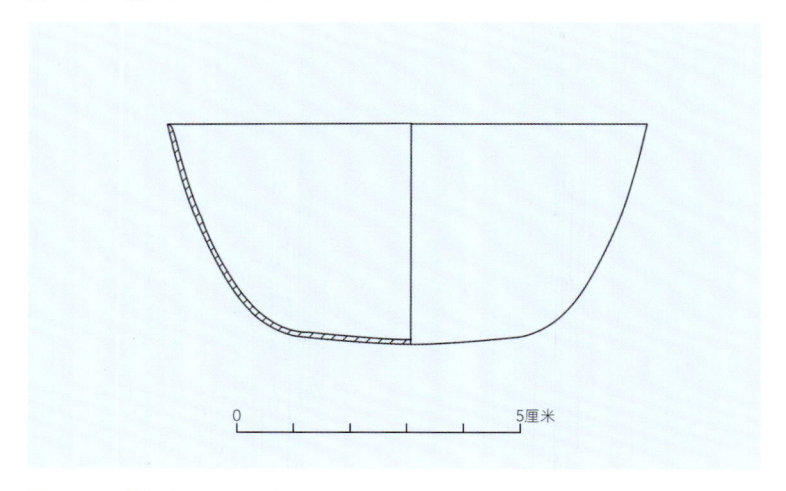

图7-426 铜杯（97XB：366）

图7-427 铜钵（97XB：305）

中间置一根长圆条状锁舌，开锁孔在另一端的侧面。

标本97XB：367，长9.8、宽3.5厘米（图7-428）。

标本97XB：368，长7.8、宽3厘米（图7-429）。

标本97XB：369，长6.2、宽3.5厘米（图7-430）。

6. 铜锭

11件。大都较完整，质地为青铜，为浇铸成的半成品材料。铜锭多数呈扁平长方形，且大小不等，少量为圆饼形。其上部都近漫弧状，中部稍隆起，平底，器身

第七章　西沙文化遗物

图7-428　铜锁（97XB：367）

图7-429　铜锁（97XB：368）

图7-430　铜锁（97XB：369）

布满浇铸时留下的小气孔，内含有较多杂质。铜锭大的重约7千克，小的仅有0.5千克。这些铜锭是与在北礁发现的明代沉船上的铜钱一起打捞出水的，其年代当在明代。

标本97XB：358，器身较宽长，长34.2、宽13.6、厚3.8厘米（图7-431）。

标本97HNB：06982，器身较窄扁，长22.5、宽3.7、厚2.2厘米（图7-432）。

标本97HNB：06983，器身稍宽短，长18、宽10.7、厚3.2厘米（图7-433）。

标本97HNB：00366，圆饼形铜锭。直径13、厚1.8厘米（图7-434）。

7. 铜弹簧

3件。质地为紫铜，由紫铜丝绕成九环而成弹簧形，现仍有弹性。

标本97XB：384，直径5.4、长8.8厘米（图7-435）。

图7-431　铜锭（97XB：358）

图7-432　铜锭（97HNB：06982）

图7-433　铜锭（97HNB:06983）

图7-434　圆饼形铜锭（97HNB:00366）

图7-435　铜弹簧（97XB:384）

四、铜钱

西沙文物普查后，征集的北礁礁盘打捞出水铜钱有6万余枚（附表三）。其中，明太祖朱元璋"洪武通宝"有1.7万余枚，明成祖朱棣"永乐通宝"约有

2.3万枚（图7-436）。其余的则有秦、新莽、西魏、唐、前蜀、南唐、后周、北宋、南宋、金、元等历代及韩林儿、徐寿辉、陈友谅、朱元璋等元末农民起义领袖建立的政权所铸铜钱，分别为秦半两，新莽大泉五十，西魏五铢，唐开元通宝、乾元重宝，前蜀光天元宝、乾德元宝、咸康元宝，南唐唐国通宝，后周周元通宝，北宋宋元通宝、太平通宝、淳化元宝、至道元宝、咸平元宝、景德元宝、祥符元宝、祥符通宝、天禧通宝、天圣元宝、明道元宝、景祐元宝、皇宋通宝、庆历通宝、至和元宝、至和通宝、嘉祐元宝、嘉祐通宝、治平元宝、治平通宝、熙宁元宝、熙宁重宝、元丰通宝、元祐通宝、绍圣元宝、元符通宝、圣宋元宝、崇宁通宝、崇宁重宝、大观通宝、政和通宝、宣和通宝，南宋建炎通宝、绍兴元宝、绍兴通宝、隆兴元宝、乾道元宝、淳熙元宝、绍熙元宝、庆元通宝、嘉泰通宝、开禧通宝、嘉定通宝、大宋元宝、绍定通宝、瑞平元宝、嘉熙通宝、淳祐元宝、淳祐通宝、皇宋元宝、景定元宝、咸淳元宝，金正隆元宝、大定通宝，元至大通宝、至正通宝、龙凤通宝、天定通宝、大义通宝、大中通宝共70种（图7-437～图7-439）。

另有部分铜钱胶结块，为部分古钱币与珊瑚石胶结在一起的（图7-440、图7-441）。

图7-436　明代"洪武通宝"和"永乐通宝"铜钱

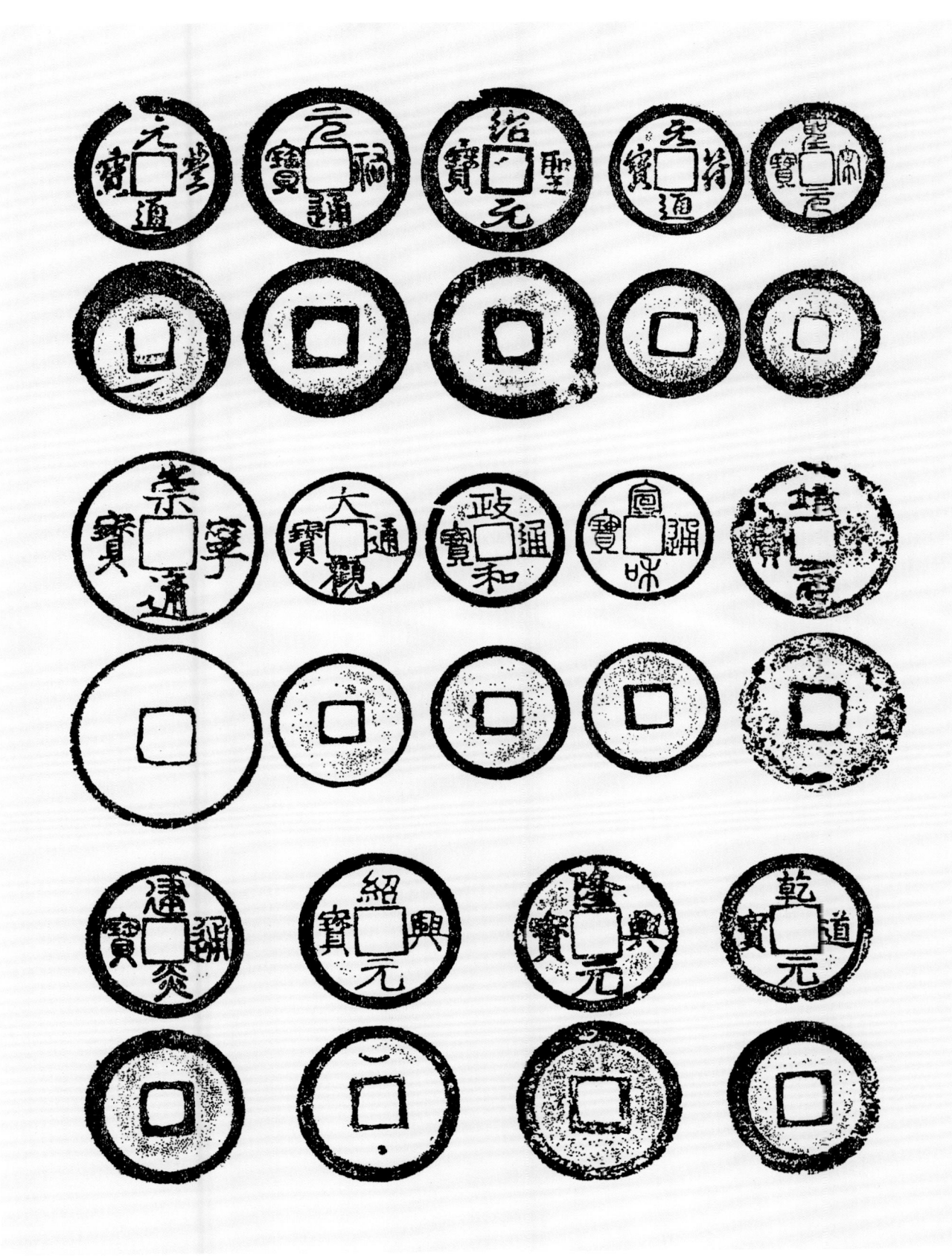

第七章 西沙文化遗物

图7-437 北礁出水铜钱拓片

图7-438 北礁出水铜钱拓片

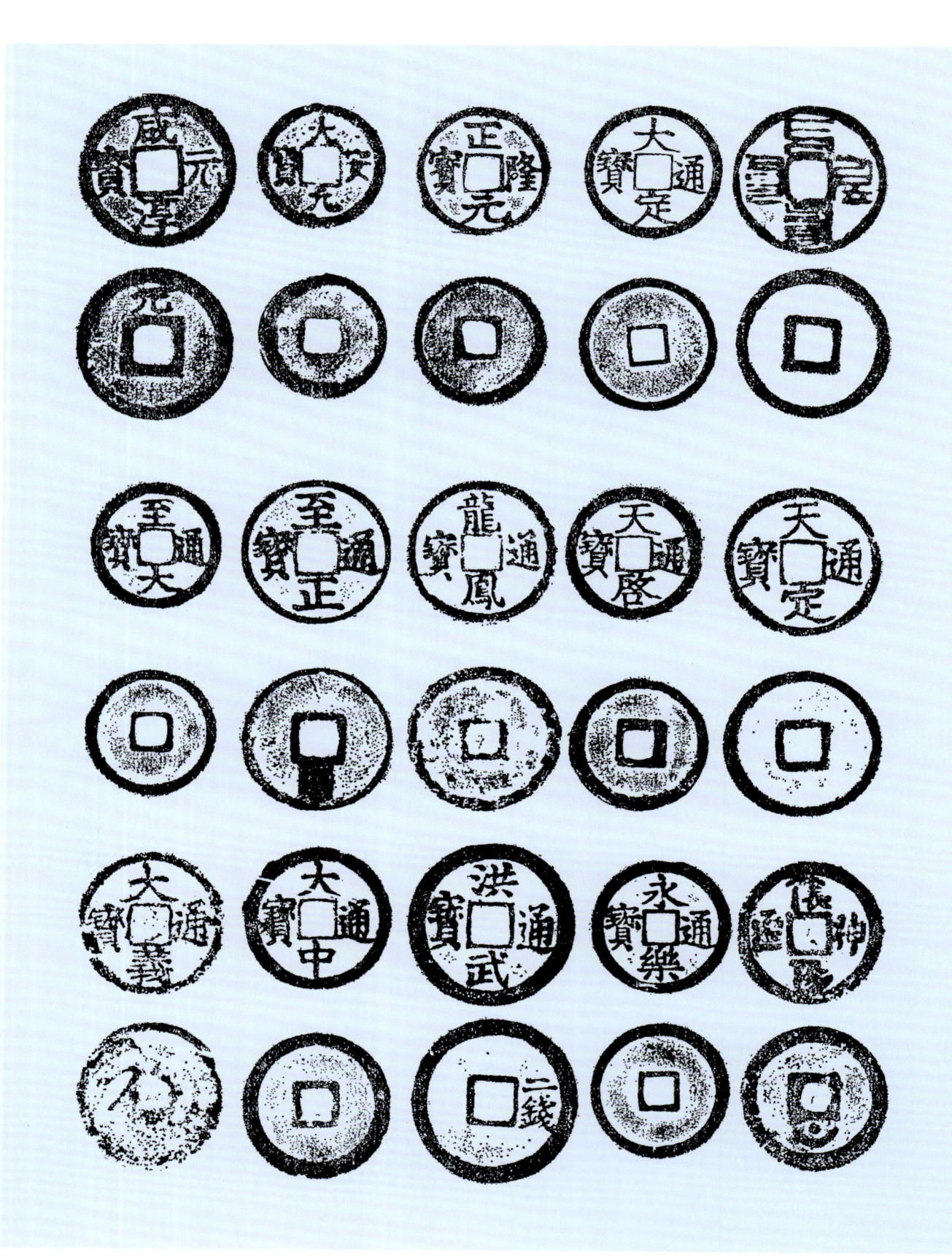

第七章　西沙文化遗物

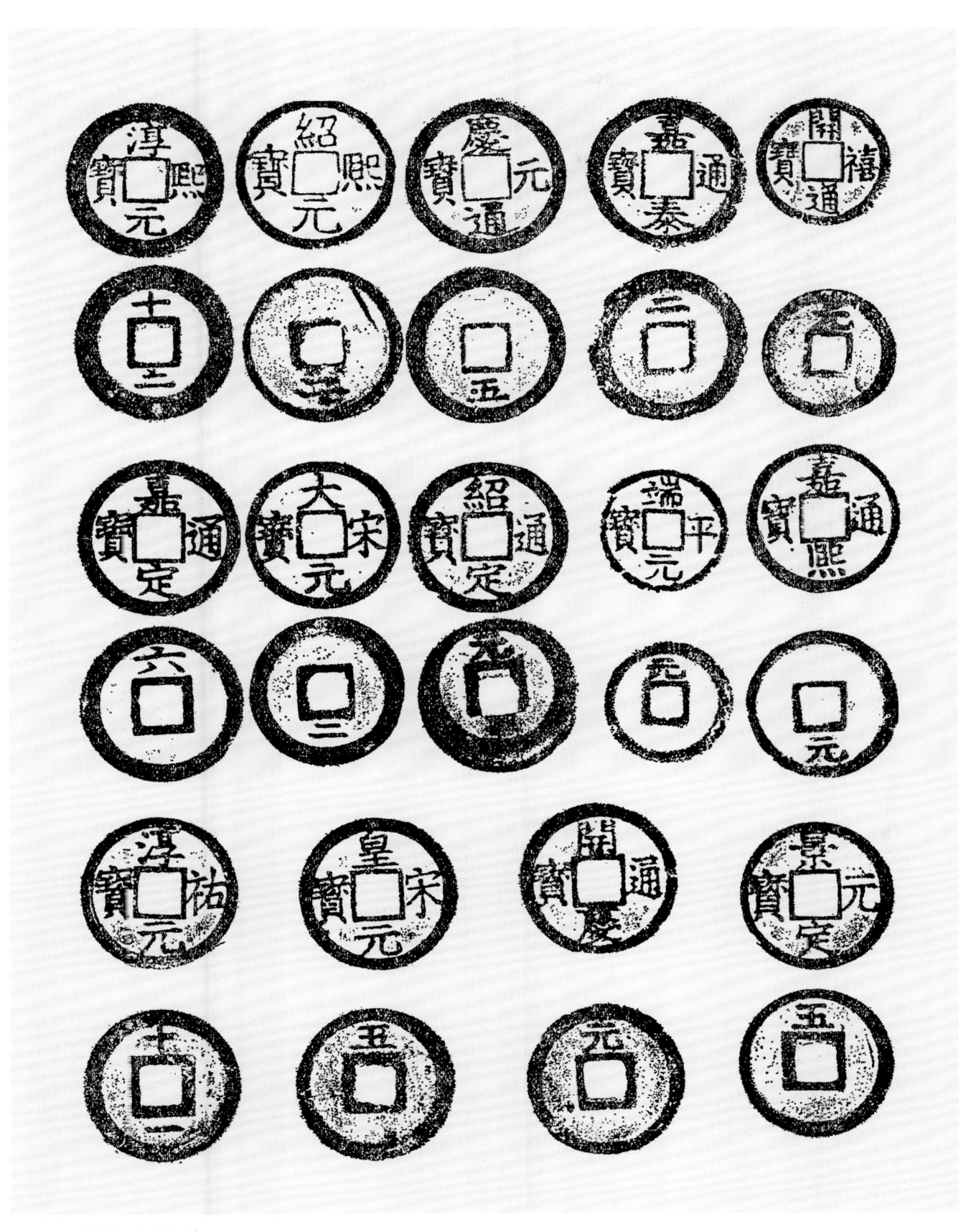

图7-439　北礁出水铜钱拓片

图7-440　北礁出水的铜钱胶结块

图7-441　北礁出水的铜钱胶结块

五、石制品

发现石制品很少,质地为花岗岩石,通体琢磨,器形较单一,仅有石研钵和石研棒二种,均完整。

石研钵 4件。器壁甚厚,小直口,宽平沿边,有的沿壁外两侧稍突出的部分可当把手使用,素面。

标本97XB：372,宽口沿边,斜弧壁,假圈足。口径18、底径9、高8厘米(图7-442、图7-443)。

标本97XB：373,口沿边较宽,近斜弧壁,假圈足。口径14、底径8.5、高8.3厘米

图7-442 石研钵(97XB：372)

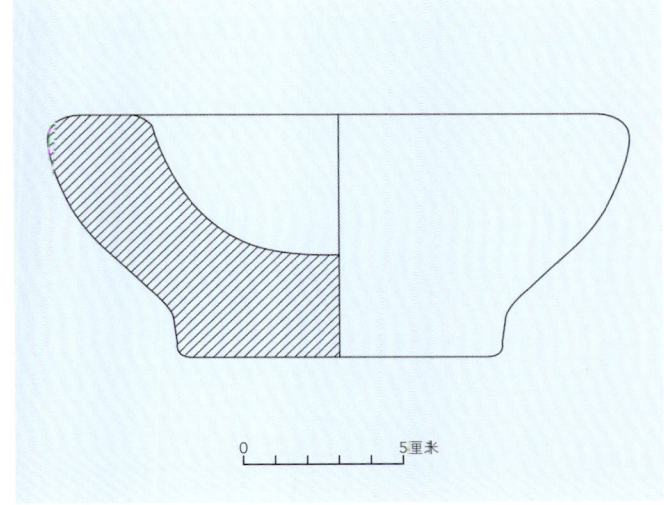

图7-443 石研钵(97XB：372)

图7-444 石研钵(97XB：373)

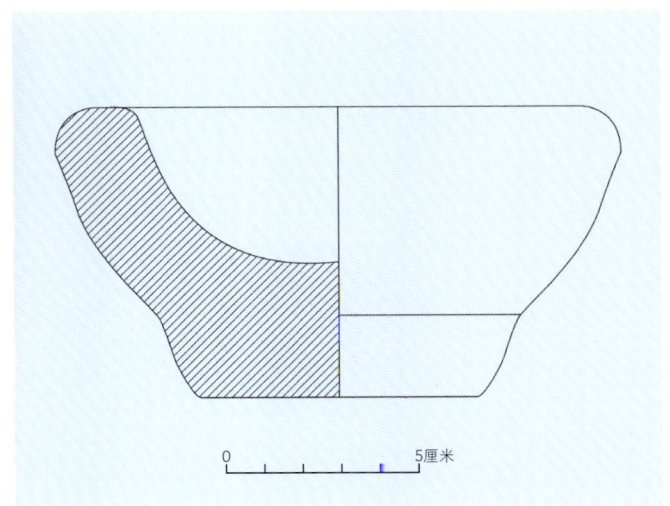

图7-445 石研钵(97XB：373)

（图7-444、图7-445）。

标本97XUWⅡ：9，器形较大，口沿边甚宽，腹壁近呈亚腰形，平底。口径19、底径14.5、高12.4厘米（图7-446、图7-447）。

石研棒　5件。近呈短圆柱状，剖面近椭圆形，通体琢磨光。

标本96XSUWⅡ：10，一端较粗，另一端稍细，皆近呈圆弧形。长18、直径6.3厘米（图7-448）。

标本97XB：380，器身稍细匀，一端近平，另一端近呈圆弧形。长14、直径3.8厘米（图7-449）。

图7-446　石研钵（97XUWⅡ：9）

图7-447　石研钵（97XUWⅡ：9）

图7-448　石研棒（96XSUWⅡ：10）

图7-449　石研棒（97XB：380）

1996 年
西沙文物普查

第八章
几点初步看法

1996年开展的西沙群岛文物普查，复查和发现了岛屿上的文物点，并在水下考古中找到了部分文物遗存。它们的分布地理方位都有一定特点，一般皆位于岛洲或礁盘的北侧或东、西两面，这应与古代南海丝绸之路航道有必然的关联。采集和打捞出水的遗物以陶瓷器为主，都属于中国古代南方较著名民窑的产品，主要为宋、元、明、清各代传统出口的外销陶瓷器，为行驶在南海丝绸之路上进行海外贸易商船上的货物，从一个侧面见证了海上丝绸之路陶瓷贸易兴盛的历史现象。此外，采集和征集的北礁中国古代钱币数量很大，其中，以明代"洪武通宝"和"永乐通宝"铜钱为多，当与明永乐年间郑和下西洋的历史事件有着一定的关联。

珍贵的西沙文物，从一个历史角度反映出南海丝绸之路兴旺发达的发展进程。同时，它也充分证明了中国人最早开拓经营南海诸岛的史实，历代中国政府一直对南海西沙群岛实施行政管辖，拥有无可争辩的神圣主权，南海自古以来就是我们的"祖宗海"。

一、岛屿文物的分布特点

1996年西沙文物普查中，普查人员基本上对西沙群岛所有岛屿、沙洲进行了较全面的实地考古调查，复查和新发现17处岛屿及沙洲文物点和1处遗址，采集遗物达1300余件。这些文物在时间上有着早晚之别，但都经过了较长的历史岁月，并且在岛洲上的分布地理位置也有着一定的相似之处。在经过实地调查和初步分析后，可以基本看出文物点的存在形式，它们应当具有一定的自身分布特点。从发现文物点的遗物散落情况来看，它们都分布在岛洲近海岸边的沙滩地表上，这应反映了其在存在形式上有着较明显的地理分布特征，与其所发生的历史原因也应有着一定的关联。

在岛屿考古调查时，发现的大多数文物点均靠近海岸边的沙滩上，一般都位于在岛屿、沙洲的北面或东、西两侧，正对着中国古代船舶南下行驶的航向。在这些岛屿相对应方向的地表都散布有陶瓷器残件，可能反映了它们或为航行在南海丝绸之路航道上经营陶瓷贸易的古代商船上的货物，因某种原因，商船不幸在这片海域触礁沉没了，经过海浪长时间的不断冲击，沉船上所装载的陶瓷器等货物被海水陆续地冲带到这些岛屿、沙洲上，并一直被遗留至今。

考古调查南沙洲时，发现这里的海岸沙滩上散布有众多瓷器残件。在沿沙洲实地考察中，几乎遍地都有瓷片，尤其是在西沙滩近100米狭长的地表范围内，遗物分布更为丰富，其中有的瓷片成堆地埋在沙坑里。调查发现，在南沙洲东、西两侧沙滩上散布有上千件陶瓷器残件，其中，青花瓷居多，另有少量青白瓷、青瓷及釉陶等器物。由于陶瓷器经海浪长时期不断地冲击洗刷，它们大都已破碎成残件，几乎没有完整的器物，有的还与珊瑚石胶结在一起。

从发现陶瓷器散布所在沙洲的地理位置上来看，基本都分布于洲的东、西两侧的沙滩上，正对着中国古代商贸船只沿海上丝绸之路南下行驶的方向和经过的航道。另据沙洲的地质变化环境和文物点分布范围及其保存情况来看，这些陶瓷器当不会是古代人们在此居住活动时所遗留下来的。据有关自然地理资料记载，西沙海域经常受到频繁发生的台风影响和海浪不断冲刷，以及遭到海洋洋流的搬运，会逐渐地造成某些沙洲的形成或消失。其中，南沙洲就是一个在地质上有较大变化的沙洲，如1972年发生的第20号台风后，在南沙洲之南约500米处形成了两座似"孪生兄弟"的小沙洲——即东新沙洲和西新沙洲。在20世纪80年代，南沙洲的西侧又消失一个小沙洲[1]。由于南沙洲地势较低，其周边的海岸沙滩易被暴风带来的巨浪淹没，古代人们不会选择条件十分恶劣的岛洲生活居住，所以在南沙洲生活时不可能遗留下较多的瓷器生活器皿。

从遗物在现场的分布情况来看，南沙洲沙滩上采集的全是瓷器残片，基本上没有完整的器物，且都散布在临近海岸边滩头的地表上。这是否可以进行一定推断，在宋、明、清等不同历史时期，中国商船航行在南海丝绸之路上从事海外陶瓷贸易，途经南沙洲附近海域时，因种种原因不幸在此触礁沉没，沉船上的陶瓷器货物由于长时间经海浪冲击，不断地被冲带到南沙洲沙滩上。故在这里发现的上千件瓷片中，难以寻得完整或较完好的器物，它们大多数是碗口沿、圈足底、残匙、残杯、碟腹片等遗物。同时，这些瓷器因长期经海水浸泡及被海浪冲刷，尤其是在被冲击带到沙滩上后又与砂粒产生一定摩擦，因此这些瓷片表面较为光滑，不带任何珊瑚石物质，且不少瓷片表面釉质和青花色泽已缺少了原来的鲜亮度，这与打捞出水的陶瓷器上有珊瑚石胶结物是不相同的。

此外，在南沙洲北面发现的南岛文物点，两地相距很近，也都有类似的遗物散布情况，采集的遗物都为瓷器残片，不见较为完整的器物。尤其是在南岛西北及南面沙滩上发现的清代青花瓷残件，从器物质地、釉质、器形、花纹图案等方面来看，都与南沙洲沙滩上采集的青花瓷完全相同。这和青花瓷相同的分布现象，或许表明这两个岛洲上的青花瓷原来可能属同一条清代沉船上的货物，后因遭到海浪不断的冲击，被冲带到南沙洲与南岛两个相邻岛洲的不同沙滩之上，形成了如今的文物分布情况与保存形式。

在调查金银岛时，发现岛西南沙滩上散布有几百件青花瓷残片，后又在距文物点西南不远的礁盘上也打捞出水出80余件青花瓷片。通过对金银岛西南沙滩与水下礁盘发现的青花瓷片进行分析比较，可以看出它们在胎质、釉色、器形、纹饰图案等特征上都完全一样，器形主要有碗、盘、碟、杯、匙等，为中国南方地区广东、福建等地明、清时期民窑所烧制的产品。据对金银岛海边沙滩与水下礁盘所发现青花瓷的地点方位也是相向与互为对应的，况且金银岛即坐落在水下的大礁盘之上，故两者之间相距也是很邻近的。所以，从岛上采集和水下打捞出的青花瓷在釉色、器形、纹饰等特征上是相一致的。这抑或反映了明、清时期中国古代商船航行在南海丝绸之路时，途径金银岛附近海域不幸于其西南礁盘触礁而沉没，而这些青花瓷就是沉落在礁盘的商船所装载的货物。这批货物在经海浪长时期不断的冲击之下，明、清时的两艘沉船上仍有大部分青花瓷遗留在礁盘上，也有一部分青花瓷先后被逐渐冲带到岛西南沙滩上。时空差异导致在金银岛所发现的文物于保存形式上也有所不同。在沙滩上采集的青花瓷几乎全是残件，未带有珊瑚石胶结物，器表显得较为光滑，而在礁盘上打捞出水的瓷器个体却较大，也有些颇完整，外表大都附着有一些珊瑚石胶结物。可见，岛上与水下发现的遗物在保存形式上当有着一定差别，这或许反映了西沙岛屿文物点与水下遗物点所采集的陶瓷器因在时间和空间上的不同原因，加上外界自然因素带来的一定影响，方造成遗物在分布保存形式上是有所不同的。

在20世纪70年代进行的西沙文物调查中，普查人员曾在永兴岛、金银岛、珊瑚岛、东岛等岛屿发现少量的出土瓷器[2]，它们都是在基本建设施工动土时被挖掘出来的，并没有暴露或散布在岛屿地表上，这应是另一种遗物的保存形式，与上述岛屿文物点遗物的保存形式是有所区别的。在永兴岛西面兴建邮电局时，于近旁工地上挖掘出清代康熙青花五彩大盘，为江西景德镇清代民窑产品。在金银岛西南约1米深的海滩珊瑚沙土中，曾挖掘出3件相叠在一起的清代初期青花龙纹瓷盘，器物完好如新，釉色光泽明亮，是为清康熙至雍正年间江西景德镇民窑产品。

从永兴岛等几处岛屿文物点出土的瓷器全都是被挖掘出来的，据其保存状况来看，遗物出土地点距海边是有一定距离的，表明它们并没有在海水中被长时期浸泡过或是被海浪冲带到岛边沙滩上而被遗留下来，因为器物表面没有附着有一层珊瑚石胶结物，当是一直被埋藏在这些岛屿上。尤其是金银岛出土的3件清代青花瓷盘，在被发现时三者十分完整地叠压在一起，这可能不是外力所致，而是因人为放置的原因所造成的。清代时，广东和海南沿海地区的渔民经常前往西沙群岛海域捕鱼作业，因某种原因，有时也会在某些岛屿上暂时居住生活，便会携带日常使用的一些陶瓷器生活器皿，它们都是中国南方民窑所烧造的日用产品。

由此可见，西沙岛屿文物点在遗物的分布保存形态上，当存在两种不同的方式，一种是古代沉船所装载的陶瓷货物被海浪冲带到岛屿沙滩上，另一种是人们暂时生活居住在岛屿上所遗留下来的陶瓷器用具。

二、水下文物遗存所折射出的历史信息

自古代海上丝绸之路开辟以来，广袤无垠的南海就是重要的商贸往来和文化交流的大通道，中国历代的官船、商船、渔船经常穿梭航行于南海海域。西沙群岛地处海上贸易往来的南海航线要冲，在这片辽阔海域留下了许多中国古代文化遗产。1996年实施西沙群岛文物普查时，普查人员也在西沙海域进行了一定的水下考古调查，发现了一些水下遗物点并打捞出水部分文物，从一个侧面见证了南海丝绸之路历史发展的进程。

1996年开展的西沙水下考古调查中，发现10处水下遗物点及1处沉船遗址，打捞出水遗物400余件，主要有陶器、瓷器、石雕建筑构件等文物。此外，在此次西沙文物普查之后，又相继征集到北礁等海域出水的部分陶瓷器、铜器、铜钱及石雕制品等遗物。经初步分析判断，它们全都是中国所制造生产的，并没有发现属于其他国家及地区文化特色的器物。在发现的出水遗物中，大部分陶瓷器都是古代南海丝绸之路上的中国传统外销产品。

自秦汉时期开通了海上丝绸之路以来，随着中国东南沿海地区的社会经济有了相应发展，促使当时的海上商贸往来也逐渐繁忙起来。到唐宋时期，海上丝绸之路进入到十分繁荣兴盛的阶段，为进一步推进与东南亚、印度洋沿岸及东非地区的贸易经济发展，原有沿着大陆海岸近旁行驶的旧航线已不能适应海上商贸活动和交通往来新形势发展的需要，从而出现了另辟海上交通新航线的需求。正是在海上丝绸之路上商贸经济发展迫切需求的推动下，随着当时已具备必要的物质基础和技术条件，尤其是宋代指南针的发明使用和造船技术的不断提高，东南沿海地区的船工舟师们经过长期探索和航海经验的不断积累，开辟了一条经由西沙群岛直贯南海海域的新航线，即海上丝绸之路上的南海航道。因西沙群岛正处在南海新航线的航道要冲，是南海航道东、西、中三条路线的所经之地，这里海域范围辽阔，岛礁众多，故又被称为航行中最危险的海域之一。其中，在南海航线西沙群岛所临近的部分岛礁海域发现多处水下文物遗存和沉船遗址，以及在礁盘上沉落数量众多以陶瓷器为主的遗物。

北礁是西沙群岛最北面的一座水下大暗礁，地处海上丝绸之路南海航线上十分重要的交通要道，已成为南海航行中最为危险的一处海域，在古代就有不少船只因遭遇风暴或不熟悉海情而在此触礁沉没。1996年在北礁进行水下考古调查时，就已发现了5处水下文物遗存，打捞出水较多的古代陶瓷器，其中有宋代青釉碗、盘、盆和青白釉碗、壶等，元代青釉碗、洗、盘、盆、器盖等，明代青花碗、盘和釉陶瓷、瓶、缸、盆等，清代青花碗、盘、釉陶器等。在考古调查中，发现这些遗物大都散布在北礁水下的东北礁盘上，而这个分布范围正是航船行驶在这片海域所要途经的一个地理方位。因这片海域水下暗礁众多，船只航行至此时常会不幸触礁而沉没，故就会遗留下沉船上的众多货物。

1996年西沙文物普查之后，潭门镇渔民又相继在北礁这片海域打捞出水部分遗物。随后，省文物考古研究所征集了在北礁出水的这批遗物，除部分陶瓷器外，其中也有中国历代铜钱多达六万枚之多，它们都发现于北礁东北的礁盘之上。钱币出水地与1996年考古调查中找到的北礁5处水下遗物点分布位置大致相近，这当是行驶在南海航道上的古代船舶不幸沉没在这里所散落于礁盘上的货物。这从一个侧面表明北礁在海上丝绸之路南海航线上当处于一个十分重要的交通要冲，也是古代船舶航行在南海海域时的必经之地。

此外，在珊瑚岛进行水下考古调查时，于其礁盘上也发现了3处水下遗物点，它们与北礁水下遗物点所处的位置是较为相近的，两者即都分布在岛礁之东北礁盘。珊瑚岛水下遗物点打捞出水的主要有宋代青白釉壶、瓶和青釉碗、壶、盆、杯等，清代青花碗、盘、釉陶器及石雕建筑构件等文物。珊瑚岛因地处南海航道上的西部航线上，故而也是海上丝绸之路上较为重要的一个南北交通要地。

这些从水下遗物点打捞出的文物中，数量最多的是陶瓷器，其中有宋代较具代表性的青白釉、青釉瓷器，元代较典型的龙泉窑青釉瓷器，明、清时期十分流行的青花瓷器等。其中，大部分陶瓷器都为中国南方地区民窑所烧制的传统外销商品，有的商品还是按照国外商人依据本国居民日常生活所需而专门定制的出口商品。众多沉船上散落的遗物一般都分布在礁盘北面或东面，这基本上正对着古代中国沿海地区商贸船只南下航行所经过的方向，它们都是中国古代船舶行驶在海上丝绸之路航道上途经南海海域时不幸触礁所遗留下的商品货物。经初步分析，水下文物遗存所打捞的陶瓷器全都是中国内地民窑所烧制生产的，并不见有一件是带着国外文化特色的器物。其中，数量较多的陶瓷器主要是产自广东、福建、浙江、江西等地的诸多窑场，如江西景德镇湖田窑[3]，广东西村皇帝岗窑[4]、潮州窑[5]，浙江龙泉窑[6]，福建泉州窑、漳州窑、同安窑等[7]，这些众多民窑都是古代南方地区较为著名的地方名窑，有的窑场还专门烧制传统出口的外销陶瓷器。经对岛屿文物点采集的陶瓷器和在礁盘上出水的陶瓷器年代作初步判断，它们都应属于宋、元、明及清各个朝代。其中，宋代和明代这两个时期也正是海上丝绸之路发展到十分兴盛繁荣的重要历史阶段。这种特殊的历史现象，可能从一个侧面反映出在西沙海域岛礁发现的水下文物遗存及其遗物是与古代中国航行在南海航道上的沉船有着密切的关联。同时，也表明中国历代途经西沙群岛海域的船舶数量是较多的。

西沙水下文物遗存出水的陶瓷器花色品种较多，有青釉、青白釉、酱釉、青花及釉陶、泥质陶等种，器形主要有碗、罐、壶、盘、碟、瓶、盒、洗、盆、器盖等。可见，它们所涵盖的文物内容是比较丰富的，这种文化现象的出现并不是偶然的，当同海上丝绸之路兴起的陶瓷贸易发展有着较为密切的关系。

秦汉时期，中国南方沿海地区的劳动人民长期行驶在南海上，逐渐认识和掌握了海上行驶的要领，开辟了自番禺（今广州市番禺区）出发，穿越西沙群岛西侧近旁海域，直达东南亚地区的商贸交通航线。此后，随着海上贸易交通往来的不断进展，南海丝绸之路正是在此海上航线的基础上，经过历代商贸活动逐步发展而兴旺起来的。到宋代时，由于指南针的发明及推广应用，使中国航海技术有了进一步提高。与此同时，造船工艺技术也达到了一个新的水平，这就为进行远海商贸航行提供了所必备的船舶工具及航海设备。由此，也就促使宋代南海丝绸之路达到了繁荣兴盛的历史阶段，陶瓷器逐渐成为海上丝绸之路上传统的贸易大宗商品，故出现了"陶瓷之路"之誉称[8]。至明代时，由中央政府组织的庞大船队连续多次往返于海上丝绸之路，明朝郑和亲自率领二万多名官兵，200余艘宝船，先后七次巡航和访问了海上丝绸之路沿岸的30多个国家和地区，这就是举世闻名的郑和七下西洋的伟大历史壮举[9]。此时，南海丝绸之路已发展到它的鼎盛时期，在郑和船队下西洋时所携带的商品和馈赠礼品中，陶瓷器仍占有相当大的比重。因为陶瓷器一直是海上丝绸之路途经国家和地区人民所十分喜欢的日常生活用品和所需器皿。

西沙文物普查中发现的所有陶瓷器都为宋、明两代南方地区民窑所生产的传统外销商品，反映了宋、明时期海上丝绸之路十分兴旺发达，各种官船、商船络绎往返航行于南海航道上，它们都要经过西沙群岛海域。其中，西沙群岛的不少岛礁正位于南海航线所途经的近旁海域，时有不少船舶不幸在此触礁沉没，因此会在岛礁礁盘上遗留下宋、明两代的陶瓷器。由此看出，西沙水下文物遗存所传递出的十分重要而又明确无误的历史信息，这些考古发现表明，在古代西沙群岛早已同祖国大陆地区有着较为密切的文化联系，中国人对西沙群岛的开发经营与历代政府管辖从未间断过，往来航行于南海丝绸之路上的官船、商船及渔船，始终将祖国内地与西沙群岛紧密地相连在一起。大量历史文献和众多考古发现所提供的无可辩驳的实物证据，充分证明美丽富饶的西沙群岛自古以来就是中国不可分割的神圣领土，南海在历史上一直是我们的"祖宗海"。

三、北礁发现古代铜钱的时代特征

1996年西沙文物普查时，在北礁礁盘上发现了水下遗物点及陶瓷器遗物。此后不久，又征集到从北礁打捞出水的中国历代铜钱，共计6万余枚[10]。据调查了解，古代铜钱出在北礁东北角礁盘的外侧，因较长时间经海浪不断的冲击拍打，其原保存形态已有些变化。其中，多数铜钱是单个零星的，而有的则是较多地胶结在一起的，还有一些铜钱附着一层珊瑚石胶结物，这已不是原有钱币所装载的形态了。在有的胶结在珊瑚石之间的成串铜钱钱孔中，遗留有一些当时穿钱孔的细绳。有的成堆铜钱与珊瑚石胶结物在一起的表面仍残存有竹篾编织物的痕迹，这表明当时装载铜钱的原应是竹制的筐篓一类的器物。

经对北礁古代铜钱进行初步整理、辨认及分类统计后，能读出钱文的单个铜钱约有6万枚，另有少量铜钱残片、铜钱胶结块及钱文模糊难读的钱币等。其中，明成祖朱棣"永乐通宝"钱约有2.3万枚，明太祖朱元璋"洪武通宝"钱有1.7万余枚，两者都为明代早期钱币，合计多达4万余枚。可见，明代早期铜钱约占发现钱币总数的三分之二，这是一个具有时代色彩的文化现象，或许从一个侧面反映出北礁铜钱较为明显的历史特征。其余铜钱的品种显得很复杂，计有秦、新莽、西魏、唐、前蜀、南唐、后周、北宋、南宋、金等历代及元末农民起义领袖韩林儿、徐寿辉、陈友谅、朱元璋的钱币70种。

北礁出水铜钱中，明成祖朱棣"永乐通宝"是时代最晚的一种钱币，数量也居多。它们虽经近600年时间在海水里浸泡并遭到海浪冲刷，但铜钱轮廓周正，钱文清晰，基本上是新币，其表面未有流通使用时留下的磨痕，并不像北礁其他铜钱有流通使用时遗留的明显磨痕。沉落到礁盘上的北礁铜钱，因受到海水不断冲击，大都分布散乱。胶结在一起的部分"永乐通宝"铜钱，有的整齐地聚集码堆，一些铜钱方孔都对得十分周正，还存留有穿孔之细绳。其中，并没有其他品种的铜钱混杂其间，显得比较单一，就连明代开国皇帝太祖朱元璋"洪武通宝"也不见有，可见"永乐通宝"

的钱堆显得十分干净。相对比之下，其他历代铜钱则散布较杂乱，表面一般会遗留流通使用的磨痕，也没有聚集一起形成胶结的钱块。由此可见，这些现象或许从一个侧面反映北礁铜钱具有一定的时代特征。

北礁出水的明代"永乐通宝"是一种崭新的钱币，并没有流通使用过，当是官府根据自身开展对外贸易的需要，从明代宝钞司管理的铸币机构或官府钱库直接调拨出来装船再出海的。因此，数量巨大的"永乐通宝"新钱币不能来自普通商家或私人钱庄，因为他们一般只会使用已在市场流通的旧币，不能拥有如此之多的"永乐通宝"新币。在北礁6万多枚铜钱中，明早期的"洪武通宝"和"永乐通宝"居大多数，达4万余枚。再从铜钱年代上来看，自明"永乐通宝"往上的历代铜钱比较多，早自秦代起，延续至元末明初（明太祖洪武年）止。其中，除明太祖朱元璋"洪武通宝"外，余下的是以宋代铜钱为主的历代旧币。从中可以看出，除明代钱币居多外，同时也有部分明以前的各朝旧币，这可能反映了明代商贸活动中时常出现的一个经济现象[11]。在这批铜钱中，从铸造"永乐通宝"的明成祖时期到明代灭亡的约二百多年的时间里，明代中晚期及以后清代的钱币却一枚也没有出现过。除明代"永乐通宝"为北礁铜钱中属最晚的钱币外，就只有明朝以前的历代旧币。这抑或反映了当时较为流行的一个现实状况，即在中国古代社会中，因种种原因，历代旧币仍可以在当时的社会经济活动中照常流通使用，这是同其经济发展的客观情况及社会现实需求有着一定的关联，恰好折射出历代旧币在社会经济上仍然流通的一个历史事实。

北礁发现的钱币中最晚的是明代"永乐通宝"，并没有比其更晚的后代钱币，而有的是更早的历代旧币，这也是一种合于情理之中的正常事实。在西沙北礁礁盘上发现数量较多的古代铜钱，当是属于一艘古代沉船上的货物。可沉船上装载如此大量的古代铜钱，且又以全新未流通的"永乐通宝"为主，当不会是一艘普通商船，而应是官方船舶。在明代海上丝绸之路上，普通商船在进行对外经济贸易活动时，一般所携带钱币只能是社会上较为流通的历代旧币，而不可能拥有许多全新的明代钱币。由此看来，能装运大量全新货币的船舶只能是属于中央封建朝廷所委派的官方船舶，因为只有官府才能够有权调用政府铸钱局或官家钱库所储藏的大量新币。当然，如果官府船舶装载的钱币还不够时，还可以征调社会上流散的历代旧币来补充之不足，来满足官府船运所需要的钱币数量。从对明代郑和七下西洋的历史事件来看，抑或这与北礁出水以明"永乐通宝"为主的钱币之间当存在着一定的联系。如是，那么这艘装载多为明"永乐通宝"钱币的沉船就有可能是属明代郑和船队中的某一艘船舶，在七下西洋时途径西沙北礁海域不幸触礁沉落于此。

就古代海上丝绸之路沿线诸国与地区而言，其时中国的国力是十分强盛的，而多数国家与地区却相对较为贫弱，没有或很少有能力铸造自己的钱币，只能在贸易往来中使用中国货币作为必要的硬通货来交易。所以，在这种情况下，必然造成在进行货物交易时出现支付上的不对称情况，迫使海外诸国与地区对中国货币的需求强烈，使得中国古代货币在海外出现货轻钱重的特殊历史现象。在特定的历史条件下，中国古代钱币便起到了在当地经济交流中充当流通货币的角色，故海外诸国及地区对中国古代钱币的需求始终比较强烈。唐代时，东南亚地区许多国家已开始输入和流通中国钱币，如文莱、印度尼西亚等地都发现了唐"开元通宝"铜钱。到宋代时，中央封建政府虽禁止钱币外流，但禁而不止，据宋人赵汝适《诸番志》记载：时中国海商为牟取高利，"往往冒禁，潜藏铜钱"至爪哇贸易胡椒[12]。宋代以后，中国古代铜钱输出越来越多，在东南亚诸国和地区的海域中都发现有中国古代沉船装载有大量的中国历代铜钱，其中常见的有"咸平元宝""元丰通宝""开禧通宝""皇宋通宝""绍定通宝"等宋钱。

明代永乐初年，明王朝是当时世界上最强盛的国家之一，疆域辽阔，经济富庶，社会稳定。为宣扬明朝国威及进行和平的外交活动，三保太监郑和于明成祖永乐三年（1405年）到宣德八年（1433年），率领庞大的船队七下西洋，对海上丝绸之路沿线的30多个国家和地区进行巡航、访问和贸易活动，随船也携带了大量的商品和馈赠礼物等。由于海外诸国在历史上对中国货币的强烈需求，以及同诸多国家和地区开展贸易交往的实际需要，七下西洋的郑和船队也装运了大量的明代及中国其他朝代的钱币。其中，可能郑和船队中的某一艘船舶途径西沙北礁海域时不幸触礁而沉没，故在这里的礁盘上会发现数量如此之多的以明代为主的铜钱。如再结合1974年和1975年曾在北礁礁盘出水的近8万枚铜钱[13]，两者相加的钱币计有14万枚之多，其中明代永乐年间封建政府铸造的"永乐通宝"铜钱近7万余枚，约占总量的一半，当也在情理之中。正如与郑和同下西洋的随行官员马欢在其所著《瀛涯胜览》一书中所说："番人殷富者甚多，买卖交易行使中国历代铜钱。"[14]这无疑是那段重要历史的一个真实写照，反映了中国历代铜钱一直大量输出海外的无可争辩的历史事实，凸显出北礁发现中国古代铜钱所折射出的这个鲜明时代特征。

注释

[1] 《湖北旅游报》第3期，1981年8月27日。
[2] 广东省博物馆：《广东省西沙群岛文物调查简报》，《文物》1974年第10期。
[3] 赵光林：《从几件出土文物漫谈宋元影青瓷器》，《文物》1973年第5期。
[4] 广州市文物管理委员会编：《广州西村古窑址》，文物出版社，1958年。
[5] 广东省博物馆编：《潮州笔架山宋代窑址发掘报告》，文物出版社，1981年。
[6] 朱伯谦、王士伦：《浙江省龙泉青瓷窑址调查发掘的主要收获》，《文物》1963年第1期。
[7] 福建省文物管理委员会：《福建考古工作概况》，《考古》1959年第11期。
[8] 〔日〕三上次男著，李锡经、高喜美译：《陶瓷之路》，文物出版社，1984年。
[9] 刘迎胜：《丝路文化·海上卷》，浙江人民出版社，1995年。
[10] 郝思德、王恩：《西沙群岛北礁古代钱币》，《中国考古学年鉴·1997》，文物出版社，1999年。
[11] 刘迎胜：《丝路文化·海上卷》，浙江人民出版社，1995年。
[12] 缪荃孙著，黄明、杨同甫标点：《艺风藏书记》，上海古籍出版社，2007年。
[13] 广东省博物馆：《广东省西沙群岛文物调查简报》，《文物》1974年第10期；广东省博物馆、广东省海南行政区文化局：《广东省西沙群岛第二次文物调查简报》，《文物》1976年第9期。
[14] （明）马欢：《瀛涯胜览》，中华书局，1985年。

1996 年
西沙文物普查

附 表

附表一　岛洲文物点登记表

序号	调查时间	名　称	位　置	采集文物	时　代	备　注
1	1996年	甘泉岛遗址	岛西北沙滩	宋代青瓷罐、碗、碟、钵、盒等	明	甘泉岛遗址为全国重点文物保护单位
2	1996年	金银岛文物点	岛西南沙滩	明代和清代青花碗、盘、碟、杯	明、清	明清青花瓷为广东、福建民窑生产
3	1996年	北岛文物点		青花碗为主，另有釉陶片、陶研钵等	宋	陶瓷器为江西明代民窑产品
4	1996年	晋卿岛文物点	岛东南沙滩	宋代青瓷碗、清代青花碗、陶鸡腿瓶	宋、清	另有1枚宋代"圣宋元宝"
5	1996年	广金岛文物点	岛南沙滩	清代青花碗	清	另有1枚明代"洪武通宝"
6	1996年	东岛遗物点	岛西北沙滩	宋代青白瓷碗、盘、瓶、罐、盅、青瓷碗、洗，清代青花碗、盘、杯等	宋、清	采集文物中以清代青花瓷为主
7	1996年	南岛文物点	岛南和西北沙滩	宋代青白瓷碗、盘、罐、青瓷碗，清代青花碟、碗、釉陶罐、陶罐等	宋、清	青花瓷为广东、福建清代民窑产品
8	1996年	珊瑚岛文物点	岛西和东北部沙滩	清代青花碗、小杯	清	另有1件清代铜器座
9	1996年	全富岛文物点	岛南沙滩	宋代青白瓷瓶，明代青花瓷碗	宋、明	采集瓷器为福建、广东民窑生产
10	1996年	中沙洲文物点	岛边沙滩	宋代青白瓷盘、碗，清代青花碗、盘、盅	宋、清	另有釉陶罐、陶瓶
11	1996年	赵述岛文物点	岛西沙滩	宋代青白瓷片、泥质陶罐，清代青花碗	宋、清	宋代青白瓷片太小，难以判断器形
12	1996年	银屿仔文物点	岛边沙滩	宋代青白瓷碗、元代龙泉窑青瓷盘底，清代青花碗	宋、清	采集瓷器为广东、浙江、福建民窑生产
13	1996年	中建岛文物点	岛边沙滩	清代青花碗	清	青花瓷器为福建民窑产品
14	1996年	南沙洲文物点	岛西部和南部沙滩	宋青白瓷壶、碗、青瓷洗，明青花杯，清青花瓷碗、盘、杯、碟、盅、匙等	宋、明、清	以清代青花瓷占多数

附表二 水下遗物点登记表

序号	调查时间	名称	位置	出水文物	时代	备注
1	1996年	浪花礁遗物点	礁盘上	清代青花碗	清	另有1件残青灰色条砖
2	1996年	金银岛遗物点	礁盘上	明代和清代青花碗、盏、碟、杯等	明、清	广东、福建民窑烧制
3	1996年	珊瑚岛2号遗物点	东北礁盘	宋代青白瓷壶、瓶、青瓷碗、壶、盆、杯等	宋	另有釉陶、陶器
4	1996年	珊瑚岛3号遗物点	东北礁盘	清代石雕建筑构件和青花碗	清	位于珊瑚岛2号遗物点西北
5	1996年	珊瑚岛4号遗物点	东面礁盘	清代青花碗、盘、釉陶器	清	位于珊瑚岛2号遗物点西侧
6	1996年	北礁1号遗物点	东北礁盘	宋代青瓷碗、盆，明代青花碗、盘和釉陶瓮、缸、盆等	宋、明	青瓷器为宋代广东民窑、青花瓷为明代江西民窑生产
7	1996年	北礁2号遗物点	东北礁盘	宋代青瓷碗、盘、盆	宋	位于北礁1号遗物点西100米
8	1996年	北礁3号遗物点	东北礁盘	明代青花碗、盘和釉陶盆、陶瓶等	明	位于北礁2号遗物点西600米
9	1996年	北礁4号遗物点	东北礁盘	元代青瓷碗、盘、盆、洗、器盖和釉陶器	元	位于北礁3号遗物点西250米
10	1996年	北礁5号遗物点	东北礁盘	清代青花碗和石磨棒、残红砖	清	位于北礁4号遗物点西侧

附表三　北礁出水铜钱统计表

时　代	名　称	数量（枚）	时　代	名　称	数量（枚）
秦	半两	1	北宋	（神宗）熙宁元宝、熙宁重宝	5697
新莽	大泉五十	2		（神宗）元丰通宝	2721
西魏	五铢	2		（哲宗）元祐通宝	1800
唐	开元通宝	740		（哲宗）绍圣元宝	669
	（肃宗）乾元重宝	38		（哲宗）元符通宝	254
前蜀	光天元宝	5		（徽宗）圣宋元宝	651
	乾德元宝	6		（徽宗）崇宁通宝、崇宁重宝	24
	咸康元宝	2		（徽宗）大观通宝	125
南唐	唐国通宝	15		（徽宗）政和通宝	584
后周	周元通宝	4		（徽宗）宣和通宝	181
北宋	（太祖）宋元通宝	49	南宋	（高宗）建炎通宝	47
	（太宗）太平通宝	78		（高宗）绍兴元宝、绍兴通宝	53
	（太宗）淳化元宝	177		（孝宗）隆兴元宝	1
	（太宗）至道元宝	364		（孝宗）乾道元宝	4
	（真宗）咸平元宝	358		（孝宗）淳熙元宝	102
	（真宗）景德元宝	395		（光宗）绍熙元宝	31
	（真宗）祥符元宝、祥符通宝	831		（宁宗）庆元通宝	27
	（真宗）天禧通宝	405		（宁宗）嘉泰通宝	21
	（仁宗）天圣元宝	928		（宁宗）开禧通宝	10
	（仁宗）明道元宝	73		（宁宗）嘉定通宝	32
	（仁宗）景祐元宝	209		（理宗）大宋元宝	2
	（仁宗）皇宋通宝	1710		（理宗）绍定通宝	12
	（仁宗）庆历通宝	14		（理宗）瑞平元宝	4
	（仁宗）至和元宝、至和通宝	163		（理宗）嘉熙通宝	29
	（仁宗）嘉祐元宝、嘉祐通宝	486		（理宗）淳祐元宝、淳祐通宝	22
	（英宗）治平元宝、治平通宝	446		（理宗）皇宋元宝	64

续表

时　代	名　称	数量（枚）	时　代	名　称	数量（枚）
南宋	（理宗）景定元宝	17	元	（韩林儿元末农民起义政权）龙凤通宝	1
南宋	（度宗）咸淳元宝	69	元	（徐寿辉元末农民起义政权）天定通宝	1
金	正隆元宝	63	元	（陈友谅元末农民起义政权）大义通宝	5
金	大定通宝	27	元	（朱元璋元末农民起义政权）大中通宝	14
元	至大通宝	69	明	（太祖）洪武通宝	17214
元	至正通宝	32	明	（成祖）永乐通宝	22856
总计					61036

参考文献

一、基本史料

陈伦炯：《海国闻见录》，清乾隆五十八年刻本。
郭嵩焘：《使西纪程》，清光绪二十年上海顺成书局石印本。
李昉：《太平御览》，中华书局，1960年。
马欢：《瀛涯胜览》，中华书局，1985年。
明谊修，张岳崧纂：《道光琼州府志》，海南出版社，2006年。
沈节甫辑录：《纪录汇编》，中华全国图书馆文献缩微复制中心，1994年。
宋濂等：《元史》，中华书局，1976年。
唐胄：《正德琼台志》，上海古籍出版社，1964年影印本。
汪大渊原著，苏继庼校释：《岛夷志略》，中华书局，1981年。
王象之：《舆地纪胜》，中华书局，2012年。
曾公亮：《武经总要》，中华书局上海编辑所，1959年据明正德年间影印本。
周去非著，杨武泉校注：《岭外代答》，中华书局，1999年。

二、论著

广东省博物馆编：《潮州笔架山宋代窑址发掘报告》，文物出版社，1981年。
广东省地名委员会编：《南海诸岛地名资料汇编》，广东省地图出版社，1987年。
广州市文物管理委员会编：《广州西村古窑址》，文物出版社，1958年。
郝思德、王大新：《西沙群岛珊瑚岛清代石雕文物》，《中国考古学年鉴·2002》，文物出版社，2003年。
郝思德、王恩：《西沙群岛北礁古代钱币》，《中国考古学年鉴·1997》，文物出版社，1999年。
郝思德：《浅谈海南古代窖藏铜钱》，未刊稿。
郝思德：《西沙群岛北礁古代文物》，《中国考古学年鉴·1998》，文物出版社，2000年。
郝思德：《西沙群岛北礁水下文物》，《中国考古学年鉴·1999》，文物出版社，2001年。
刘迎胜：《丝路文化·海上卷》，浙江人民出版社，1995年。
缪荃孙著，黄明、杨同甫标点：《艺风藏书记》，上海古籍出版社，2007年。
三上次男著，李锡经、高喜美译：《陶瓷之路》，文物出版社，1984年。
向达校注：《两种海道针经》，中华书局，1961年。

三、论文

福建省文物管理委员会：《福建考古工作概况》，《考古》1959年第11期。

广东省博物馆、广东省海南行政区文化局：《广东省西沙群岛北礁发现的古代陶瓷器》，《文物资料丛刊》1982年第6期。

广东省博物馆、广东省海南行政区文化局：《广东省西沙群岛第二次文物调查简报》，《文物》1976年第9期。

广东省博物馆：《广东省西沙群岛文物调查简报》，《文物》1974年第10期。

王恒杰：《西沙群岛的考古调查》，《考古》1992年第9期。

徐恒彬：《广东英德浛洸镇南朝隋唐墓发掘》，《考古》1963年第9期。

赵光林：《从几件出土文物漫谈宋元影青瓷器》，《文物》1973年第5期。

朱伯谦、王士伦：《浙江省龙泉青瓷窑址调查发掘的主要收获》，《文物》1963年第1期。

后　记

1996年，由海南省文化广播体育厅与中国历史博物馆联合组成文物普查队，对西沙群岛实施了文物普查及水下考古调查，取得了较为重大的收获。后因种种原因，未能如期顺利地编写出文物普查报告。

近期，海南省博物馆与海南省文物考古研究所安排业务人员编写以往的相关考古资料，其中，《1996年西沙文物普查》报告是重点项目之一，并希望抓紧整理西沙文物普查材料。在馆、所领导的关心和支持下，由考古部和南海水下考古研究中心负责普查报告的编写工作，并专门抽调部分业务人员协助和配合，以保证普查资料整理和报告编写能够顺利完成。本书主要内容是以1996年西沙文物普查所获得的考古材料为主，同时，一并介绍了这次文物普查后所征集的西沙北礁出水遗物。海南省文物考古研究所原所长郝思德研究员主要负责统筹西沙文物材料整理、报告编写及有关审稿工作。根据报告中各章节内容，采取分工合作的方式，安排业务人员撰写，具体分工如下：

第一章、第四章、第八章：郝思德、王大新；第二章、第三章、第六章：王明忠；第五章：黎吉龙；第七章：贾宾、李钊。

附表一～附表三：郝思德。

文物摄影：韩飞；文物绘图：张聪。

在本书编写过程中，国家文物局水下文化遗产保护中心和中国国家博物馆水下考古研究中心的有关专业人员给予了大力支持；海南省博物馆考古部、南海水下考古研究中心、藏品保管部等业务部门也积极协助。同时，科学出版社的领导和责任编辑也十分关心本书的编写，并提出了许多较好的建议。现本书即将付梓出版，在此一并致以衷心感谢。

因时间仓促，不足之处在所难免，恳请批评为是。